GEORGE G. RITCHIE
MIT ELIZABETH SHERRILL

RÜCKKEHR VON MORGEN

VERLAG DER FRANCKE-BUCHHANDLUNG GMBH
MARBURG AN DER LAHN

Für Marguerite Shell Ritchie,
die nicht nur mich heiratete, sondern auch das Erlebnis
mit mir teilte, das mein Leben eroberte.

Catherine Marshall,
die mich als erste drängte, dies alles zu erzählen.

Elizabeth Sherrill,
die mir half, die Worte zu finden.

9. Auflage 1986

ISBN 3-88224-163-2

Originaltitel: Return from Tomorrow

Übersetzung aus dem Amerikanischen von Konrad Brandt
Umschlaggestaltung: Egon Schwartz
Gesamtherstellung: Schönbach-Druck GmbH, 6106 Erzhausen

Vorwort

Ein Rückblick auf Geschichte und Entwicklung der Philosophie genügt, um feststellen zu können, daß der Tod die Wissenschaft zu allen Zeiten in seinen Bann gezogen hat. Der Tod hat die Philosophen stets tief und fundamental beschäftigt. Es überrascht darum nicht, daß ich als 21jähriger forschender Student der Philosophie neugierig wurde, als ich 1965 von einem Mann hörte, der für klinisch tot erklärt worden war und während dieser Zeit ein unglaubliches Erlebnis hatte, und der nun lebt und davon erzählt. Doch nicht nur das, dieser Mann ist ein anerkannter Arzt — ein praktizierender Arzt, der zu jener Zeit bereits auf eine 14jährige Karriere zurückblickte — und er war bereit, sein Erlebnis anderen mitzuteilen. Es ist überflüssig zu sagen, daß ich die nächste Gelegenheit nützte, um ihn zu hören. Ich war tief beeindruckt, legte aber die Angelegenheit „geistig zu den Akten". Später, als ich weitere sehr ähnlich klingende Beispiele hörte, fing ich an, die Erlebnisse in Todesnähe zu erforschen.

Der Name des Arztes ist George Ritchie, der seine Erlebnisse jetzt zur Veröffentlichung freigibt: einer von drei oder vier der großartigsten und bestdokumentierten Berichte über die Erfahrung mit dem Sterben, die ich kenne. Sogar allein genommen, ist Dr. Ritchies Geschichte aufsehenerregend; vielleicht ist dies um so mehr der Fall, wenn man erkennt, daß Hunderte und aber Hunderte von Personen, die vom Tode überrascht wurden und in das Leben zurückkamen, ähnliche Aussagen machten.

Für viele bleibt es die Frage: „War George Ritchie (und waren die vielen anderen, die sich in einem ähnlichen Zustand befanden) wirklich tot?" Zugegeben, wenn man den „Tod" — was begründet erscheint — als den Zustand des Körpers definiert, von dem aus eine Wiederherstellung seiner Funktionen unmöglich ist, dann war niemand von ihnen tot. Wie dem auch sei, klinisch gesehen, hängt die ganze Angelegenheit mit den letzten Kriterien zur Bestimmung des

Todes gerade jetzt sehr in der Luft; sie ist im medizinischen Bereich durchaus nicht gelöst. Ich für meinen Teil bin zufrieden, daß, ganz gleich zu welchem Zeitpunkt man den endgültigen, körperlichen Tod ansetzt, Dr. Ritchie und andere ihm viel, viel näher kamen als die große Mehrheit ihrer Zeitgenossen. Allein aus diesem Grund bin ich bereit zu hören, was sie zu sagen haben.

Gelegentlich taucht die Frage auf nach den Auswirkungen auf das Leben derer, die diese Erfahrungen machten. Es leuchtet ein, daß Dr. Ritchies Erlebnis eine außerordentliche und zentral prägende Wirkung auf sein Leben hatte. Schade, daß nur diejenigen unter uns, die ihn als Freund kennen, in Wahrheit die Tiefe seiner Freundlichkeit, seines Verständnisses und seiner liebevollen Fürsorge für andere empfinden können, denn das ist es, was diesen beachtenswerten Mann charakterisiert.

Mit diesen Anmerkungen möchte ich nun selbst zurücktreten, um dem Leser meinen Freund George vorzustellen. Ich hoffe, daß er durch dieses Buch vielen bekannt wird.

Dr. Raymond A. Moody, jr.
Verfasser von „Life after Life“
(Deutscher Titel:
Leben nach dem Tod)

I

Ich kam frühzeitig in mein Büro. Ich war gern ein paar Minuten allein, bevor der erste Patient kam. Mein flüchtiger Blick glitt durch den leicht verdunkelten Raum: der Schreibtisch, die bequemen Sessel, das gelbe Sofa vor dem Fenster. Als Psychiater war ich von der Praxis zutiefst befriedigt. In den vergangenen 13 Jahren hatte ich als praktischer Arzt gearbeitet, und ich hatte oft den Eindruck gehabt, daß ich nur die Einzelteile einer Person behandelte, daß ich es mehr mit Krankheitssymptomen zu tun hatte als mit der Krankheit selbst. Im Krankenhaus von Richmond, Virginia, wo ich praktizierte, hatte ich, wie es in jedem großen modernen Krankenhaus der Fall ist, keine Zeit, meine Patienten als Menschen kennenzulernen; keine Zeit, auf die Fragen zu hören, die im Sprechzimmer unausgesprochen blieben.

Darum ging ich mit 40 Jahren zurück zur Schule. Es war mir nicht leicht, meine Frau darum zu bitten, Richmond zu verlassen und nach Charlottesville zu ziehen: unsere beiden Kinder mußten die Schule wechseln, ich mußte meine Position als Vorsitzender der „Richmond Akademie praktizierender Ärzte" aufgeben und für mehrere Jahre zurück ins Studium gehen. Aber in den zwölf Jahren, die seit jener Entscheidung vergangen sind, war ich manches Mal darüber glücklich gewesen und niemals mehr, als in diesem stillen Augenblick am Anfang dieses Tages.

Ich schlug den Terminkalender vor mir auf und sah die Eintragungen dieses Tages durch. Mildred Brown. Peter Jones. Jane Martin.* Dort hielt mein Finger an.

Mein erster Patient nach dem Mittagessen war Fred Owen. Ich hatte vergessen, daß er gestern aus der Universitätsklinik entlassen worden war. In der vergangenen Woche hatte ich den Bericht von

* Die Namen der Patienten wurden geändert.

Freds Arzt über Telefon erhalten — „Lungenkrebs mit Metastasen auf dem Wege zum Gehirn" —, aber ich hatte es schon gewußt. Fred würde an Lungenkrebs sterben. Ich hatte es schon im September vermutet, vor fünf Monaten, als er mich zum erstenmal mit Symptomen verschiedener Depressionen aufgesucht hatte. Die Depressionen, der trockene Husten, das Kettenrauchen während der Sprechstunde, all dies ließ mich aufhorchen. Darum hatte ich um einen Termin gebeten, um hier in Charlottesville eine vollständige Untersuchung an der Universitätsklinik von Virginia vornehmen zu lassen.

Doch Fred hatte sich offensichtlich nicht an den Termin gehalten. Als ich vor drei Wochen diesen Verdacht schöpfte, untersuchte ich ihn kurzerhand in meinem Sprechzimmer. Ich hatte zwar nicht alle erforderlichen Instrumente, doch mit dem Stethoskop hatte ich genug gehört. Danach hatte er in der Universitätsklinik eine Serie von Tests und Untersuchungen über sich ergehen lassen müssen. Aber all das geschah mehr um Freds willen, als daß es noch irgendeinen Zweifel an dem Befund gab.

Und nun, um 13 Uhr würde er erscheinen. Wie konnte ich ihm helfen, der furchtbaren Tatsache seines eigenen Todes entgegenzusehen? In den vergangenen Monaten hatte er beachtliche Fortschritte gemacht, aber er hatte noch solch einen weiten Weg der Erkenntnis vor sich. Was er eigentlich dringend brauchte, war Zeit. Und genau die hatte Fred nicht mehr lange.

Und nach alldem, was er im Leben erreicht hatte, würde er als Mitte-Vierziger die Nachricht vom unheilbaren Krebs als ein absolutes Nein dazu empfinden. Die Diagnose würde genau das unterstreichen, was er als Neurotiker stets behauptete; nämlich, daß diese Welt und jedermann in ihr sich seit seiner Geburt gegen ihn verschworen hatten. Das Problem war, diese seine Sicht war noch nicht einmal so verkehrt. Angefangen bei einer Mutter, die ihn abgelehnt hatte, über eine Reihe unbeständiger Pflegeeltern bis hin zu einer Anzahl Vorgesetzter, die ihn ausgenutzt hatten, und eine unglückliche Ehe; er hatte kaum etwas anderes kennengelernt als kranke Verhältnisse. Die Entdeckung gesunder Menschen war unser Ziel gewesen. Mit einem Vorschuß an Vertrauen in meine Person hatte er sich zum erstenmal in seinem Leben nach einer echten Freundschaft ausgestreckt. Und jetzt sollte er sterben! Der letzte Vertrauensbruch stand vor der Tür, der abschließende Beweis, daß das Leben von Anfang an gegen ihn gespielt hatte.

An jenem Morgen kehrten meine Gedanken zwischen den anderen Sprechstundenbesuchen immer wieder zu Fred zurück. Zur Mittagszeit hatte ich mir ein Sandwich auf mein Zimmer bestellt und aß es in Eile am Schreibtisch, für den Fall, daß er früher kommen sollte. Es wurde 13 Uhr, und es wurde Viertel nach 13, ohne daß Fred erschien. Es wurde schließlich 13.35 Uhr, und zum erstenmal in fünf Monaten kam er zu spät zur Sprechstunde.

„Ich werde Sie nicht mehr zahlen können", sagte er, noch bevor er sich setzte. „Ich habe heute morgen gekündigt. Diesen »Halsabschneidern« habe ich in aller Deutlichkeit gezeigt, was ich von ihnen halte! Sie wollten, daß ich bleibe, bis sie für mich Ersatz gefunden haben, aber warum sollte ich noch irgend etwas für sie tun?"

„Vier Monate geben mir die Ärzte noch!" fuhr er fort und warf sich mit einem Ton in den Sessel, der wohl wie ein Lachen klingen sollte. „Welch ein Witz, ha, Doktor? All das Wühlen in der Vergangenheit, damit ich es in der Zukunft besser habe — nur, ich werde keine Zukunft mehr erleben. Besprechen Sie die Probleme mit meiner Mutter, reden Sie mit meiner Frau — alles andere ist jetzt reine Zeitverschwendung, ha!?"

„Im Gegenteil", sagte ich zu ihm. „Jetzt ist es dringlicher als je zuvor. Ihre Zukunft hängt mit der Klärung Ihrer Verhältnisse zusammen. Mehr als Sie vermuten."

Er starrte mich an. Seine wunden Augen waren schrecklich anzusehen. „Meine Zukunft?" wiederholte er. „Ich sagte Ihnen doch gerade, sie geben mir vier Monate, und das bedeutet womöglich vier Wochen, denn die Ärzte lügen doch, wie alle anderen auch. Offen gesagt, ich glaube nicht, daß es das alles wert ist."

„Ich spreche nicht über vier Monate oder vier Wochen oder 40 Jahre. Ich spreche über die Zukunft, für die es kein Maß gibt."

Vor seinen weit geöffneten Augen ging ein Rolladen herunter. „Meinen Sie »Himmel und Hölle« oder diesen Kram? Lassen Sie sich 'was Besseres einfallen, Doktor!"

Er versuchte, seinen bewußten „Der-Teufel-kann-mich-mal"-Ton durchzuhalten, aber ich konnte feststellen, daß ich ihn verärgert hatte. Unser Verhältnis zueinander war über Wochen langsam aufgebaut worden mit dem Zugeständnis, daß ich ihm nichts vormachen würde. Das war von größter Bedeutung. Er bemerkte oft, daß ich der erste Mensch sei, der niemals versuche, ihn zu betrügen.

„Von allen anderen hätte ich das erwartet, aber nicht von Ihnen! Wenn ich etwas über den Quatsch hören wollte, daß der Tod nicht das Ende ist, dann wäre ich zu einem Priester gegangen. Sie versprechen einem Flügel und eine Harfe und was man sonst noch wünscht, wenn die Spende groß genug ist."

Ich holte tief Luft und rang nach den richtigen Worten — oder wenigstens nicht nach den falschen. Ich wußte genug über Freds frühere Lebensgeschichten, um zu verstehen, daß alles annähernd Religiöse kein Thema für ihn war. Die schlimmsten der drei Pflegeeltern, bei denen er lebte, war ein frommes Kirchgängerpaar gewesen, das daran glaubte, daß sie die Widerspenstigkeit aus dem zurückgezogenen kleinen Jungen herausschlagen könnten.

„Ich weiß nichts von Harfen und Flügeln", erwiderte ich. „Ich kann Ihnen nur erzählen, was ich persönlich beobachtet habe, nachdem ich..."

Hier brach ich ab aus Angst vor dem gefährlichen Wort, das eine Brücke des Vertrauens abreißen konnte, die zwischen uns entstanden war. „Nachdem ich gestorben war" — das war's, was ich hatte sagen wollen. Aber hier saß ein Mann, der oft belogen worden war. Wie konnte ich ihn an dem Wendepunkt meines Lebens teilhaben lassen, ohne daß ich ihm wie der größte Lügner von allen vorkam?

„Fred", begann ich zögernd, „die Ärzte hatten mich auch einmal aufgegeben. Ich wurde für tot erklärt — das Bettuch wurde über meinen Kopf gezogen. Die Tatsache, daß ich nach zehn Minuten oder so ins Leben zurückkam, um noch eine Zeit auf dieser Erde zu sein, ist für mich nur ein Nebenprodukt einer viel größeren Geschichte. Es ist diese großartige Geschichte, Fred, die ich Ihnen gern erzählen möchte."

Fred nahm eine neue Schachtel Zigaretten heraus und zündete sich mit zitternder Hand eine davon an. „Sie erwarten von mir, daß ich Ihnen glaube, Sie hätten in eine Art zukünftiges Leben hineinsehen können? Das wollen Sie mir doch damit sagen, oder? Ist doch nicht schlimm, daß dieses Leben ein elender Schwindel ist, im nächsten wird dann alles rosig sein?"

„Ich erwarte nicht, daß Sie etwas glauben. Ich möchte Ihnen nur ganz einfach erzählen, was *ich* glaube. Und ich habe keine Ahnung, wie das nächste Leben sein wird. Was ich auch immer sah, es war sozusagen von der Türschwelle aus. Aber es war genug, um mich von diesem Augenblick an ganz und gar von zwei Tatsachen zu überzeugen. Erstens, daß unser Bewußtsein mit dem körperlichen Tode nicht aufhört, daß es in Wirklichkeit schärfer und noch bewußter als je zuvor wird.

Zweitens, daß es ungeheuer wichtig ist, viel mehr, als wir annehmen, wie wir unsere Zeit auf der Erde zubringen und welche menschlichen Beziehungen wir aufbauen."

Einige Minuten war Fred zu wütend, mir ins Gesicht sehen zu können.

„Wenn Sie so krank waren, wie Sie behaupten", fragte er, die Augen auf den braungrünen Teppich gerichtet, „woher wollen Sie dann wissen, daß Sie nicht im Delirium waren?"

„Weil, Fred, weil dies Erlebnis das umfassend wirklichkeitsnächste war, das mir je passiert ist. Von da ab hatte ich ja auch die Gelegenheit, Träume und Halluzinationen zu studieren. Ich hatte Patienten mit Halluzinationen. Es gibt hier einfach keine Ähnlichkeit."

„Sie meinen, Sie glauben allen Ernstes, es gehe so weiter ... wir bleiben wir selbst? Danach, meine ich?"

„Ich schwöre es bei meinem Leben. Alles, was ich in den vergangenen 30 Jahren getan habe: Arztstudium, Zusatzstudium zum Facharzt für Psychiatrie, all die Stunden ehrenamtlicher Arbeit an jungen Leuten Woche für Woche — all das hat seinen Ursprung in diesem Erlebnis. Ich glaube nicht, daß ein Delirium das gesamte Leben eines Mannes bestimmen könnte."

„Das Delirium könnte es nicht", stimmte er zu. „Wenn es aber nur eine momentane Täuschung war? Wenn Sie vielleicht, wissen Sie, nur einfach geistig etwas weggetreten waren?"

„Sie meinen, wenn ich vielleicht etwas verrückt war?" Ich lächelte, und doch war die Frage durchaus berechtigt. Das Wahnsinnige erscheint dem Sterbenden als das Plausibelste.

„Es ist schwer, das zu beantworten, Fred. Ich meine nicht, daß jeder von uns immer sicher sein kann, alle Sinne beisammen zu haben. Doch immerhin habe ich einen Grund der Hoffnung für mich, und das ist die Feuerprobe, der ich in der Universität ausgesetzt wurde, bevor ich mit dem Studium der Psychiatrie anfing. Ich wurde jedem erfahrenen Mitarbeiter des Kollegiums einzeln vorgestellt und mußte jede Frage beantworten, die mir gestellt wurde.

Da das Erlebnis, das ich hatte — die Erfahrung mit dem Tode und was anschließend passierte — direkt ins Zentrum dessen stieß, was ich glaube, meinte ich, daß sie ein Recht hätten, davon zu hören. Darum erzählte ich es ihnen. Was die hervorragenden Ärzte daraus gemacht haben, weiß ich nicht. Aber nachdem sie mich ausgehorcht hatten, beurteilte mich jeder als geistig gesund und emotional stabil."

„Was beweist, daß die Ärzte verrückt sind", sagte Fred. Aber er lächelte. Das erste Lächeln, seit er hereingekommen war, und ich wußte, wie seine reservierte Haltung auch immer war, jetzt war er wenigstens bereit zum Hören.

Die Geschichte war zu lang, als daß ich sie in einer oder zwei Sprechstunden hätte erzählen können, aber ich fühlte, daß es wichtig war, egal, wieviel Zeit wir damit zubrächten. Im Blick auf Fred und seine Persönlichkeit wußte ich, es war besser, nicht mit meiner persönlichen Auslegung zu beginnen. Für ihn würde es nötig sein, alles Stück für Stück zu erzählen, genauso, wie es passierte, und dann würde er sich seine eigene Meinung bilden. „Ich werde nicht versuchen, Ihnen irgendein Ergebnis vor Augen zu malen, Fred. Ich werde nur beschreiben, was passiert ist, Schritt für Schritt, angefangen bei dem Augenblick, als ich in das Armeelazarett kam. Später, wenn Sie darüber sprechen wollen, was es bedeutet — für mich, für Sie — dann können wir das tun."

„Armeelazarett?" fragte Fred. Er zählte zurück. „Das war während des zweiten Weltkrieges, nicht wahr? Sie wollen sagen.., Sie wurden erschossen?"

„Es war während des Krieges, aber es war nicht eine Kugel, die mich erwischte." Ich lächelte ein wenig verschüchtert in meiner Erinnerung. „Es war das Wetter in West-Texas..."

II

Ich schloß meine Augen und dachte 34 Jahre zurück, erinnerte mich an die lange Bahnfahrt von Virginia nach Abilene, Texas; Hunderte von jungen Rekruten, und viele — wie ich — zum erstenmal von zu Hause fort. Ich war in Richmond geboren und aufgewachsen, und ich erinnerte mich auch an mein Erstaunen darüber, daß es einen Ort auf dieser Erde geben sollte, an dem die Bäume nicht in großer Zahl wuchsen.

„Es war Ende September 1943", fing ich an, „und ich war auf dem Weg zum Lager Barkeley, Texas, zur Grundausbildung. Ich war zwanzig, lang, dünn, ein ziemlich typisches Kind jener Tage, voller Idealismus, den Krieg zu gewinnen und die Nazis zu schlagen.

Das einzige, auf das ich nicht vorbereitet war, war der Kampf mit dem Staub. In Abilene auf dem Bahnhof waren wir auf Lastwagen verladen worden zur Fahrt in das Lager, das mehrere Meilen außerhalb lag. Es staubte so enorm, daß wir auf dem ganzen Weg nichts sehen konnten. Ich wußte, das Lager Barkeley mußte ein großes Gelände sein — 250 000 Mann sollten dort zur Ausbildung stationiert sein — aber es dauerte Tage, bis ich es vor lauter Staub erkennen konnte: eine ausgedehnte Stadt hölzerner Baracken, die sich bis in die Wüste erstreckte.

Während der Sandstürme, so wurden wir gedrillt, hatten wir mit Schutzbrillen zu marschieren. Und trotzdem mußten wir die Hand auf die Schulter des Vordermannes legen, damit wir nicht übereinanderfielen. Im November setzte der Regen ein, und der Staub verwandelte sich in Matsch. Doch der Wind trocknete die Oberfläche, und wieder blies er uns Staub ins Gesicht. Man sagt, daß es der einzige Ort in der Welt sei, wo man bis zu den Knien im Matsch marschiert und trotzdem Staub in die Augen bekommt.

Zu allem Überfluß wurde es im Dezember bitter kalt, kälter als es je in Richmond wurde. Am 10. Dezember saßen wir zwei Stunden auf der Erde — es war ungefähr 10° minus —, während uns irgendein junger Leutnant eine Vorlesung über die richtige Art der Reinigung unserer Ausrüstung hielt. In der kommenden Nacht hustete die ganze Kompanie.

Am nächsten Morgen hatte ich immer noch Halsschmerzen, so meldete ich mich krank. Natürlich hatte ich Fieber, nicht sehr hoch, um die 39°, aber ein Jeep kam und brachte mich ins Lazarett.

Das Lazarett war ein 5000-Betten-Monstrum. Es umfaßte mehr als 200 niedrige Holzbaracken, die alle durch Gänge miteinander verbunden waren. Da ich Fieber hatte, schickte mich die Schwester in der Aufnahme auf die Isolierstation. Es handelte sich um eine 24-Betten-Baracke mit einem Ärztezimmer, einem Schwesternzimmer und einem Arzneiraum auf der einen Seite des Eingangs und auf der anderen Seite mit drei kleinen Schlafkammern, in die man gelegt wurde, wenn man ernsthaft krank war. Aber alles, was ich hatte, war dieses bißchen Fieber, darum kam ich natürlich in die Hauptabteilung dahinter.

Meine einzige Sorge bei allem war die Tatsache, daß es bereits der 11. Dezember war, und am 18. Dezember mußte ich im Zug nach Virginia sitzen. Ich hatte gerade die großartigste Versetzung zugesagt bekommen, die einem 20jährigen Anfänger jemals von der US-Armee gewährt worden war, und diese wollte ich mir nicht durch eine dumme Erkältung nehmen lassen. Am 22. Dezember würde ich — das stand fest — mit meiner Ausbildung im Medizinischen College von Virginia, in meiner Heimatstadt Richmond, beginnen, unter dem spezialisierten Ausbildungsprogramm der Armee Arzt zu werden.

Das Erstaunen darüber ließ mich nachts noch wach werden, und ich fragte mich, ob es wirklich wahr sein konnte. Es war gleich nach dem Erntedankfest, als ich plötzlich vom Übungsplatz hereingerufen wurde in einen Raum voller Majoren, Obersten und sogar Generälen. Ich war sicher, es war ein Kriegsgericht, und ich versuchte, mich an Filmszenen zu erinnern, ob sie einem auch die Chance geben, die Eltern anzurufen, oder ob sie einen einfach wegführen und erschießen. Mit weichen Knien stand ich stramm, während sie mich mit Fragen befeuerten. Ob es stimme, daß ich mein Vorstudium an der Universität von Richmond abgeschlossen habe? Ob es stimme, daß ich zum Studium der Medizin am College von Virginia zugelassen worden war? Welchen Grund ich gehabt hatte, mich bei der Armee zu melden, obwohl Medizinstudenten automatisch zurückgestellt wurden?

Schließlich erklärte mir ein Offizier die Situation. In jenem Winter 1943 herrschte bei der Armee akuter Ärztemangel. Jedermann wußte, daß irgendwann im nächsten Jahr ein Großangriff der Alliierten in Europa stattfinden sollte. Wie lange würde der Krieg danach noch dauern? Fünf Jahre? Sechs? Sie brauchten dringend Ärzte, und es war natürlich der schnellste Weg, wenn man Soldaten entdeckte, die schon eine gewisse Vorbildung hatten.

Zitternd vor Erleichterung bestätigte ich ihnen, daß ich mein Vorstudium im letzten Sommer abgeschlossen hatte, mit 19 Jahren, weil ich den Vier-Jahres-Kursus in zwei Jahren geschafft hatte, wie viele während des Krieges. Ja, es stimmte, daß meine Bewerbung vom Medizinischen College von Virginia angenommen worden war. Warum ich mich bei der Armee gemeldet hatte, anstatt ... das war in etwa meine Privatangelegenheit. Aber all diese Offiziere schauten mich an und warteten auf meine Antwort.

Es war meines Vaters wegen, erzählte ich ihnen, weil er nämlich auch in den Dienst gegangen war. Sie starrten mich weiter an und warteten auf die ganze Geschichte. Deshalb gab ich mir einen gewaltigen Ruck und erklärte ihnen, daß mein Vater ein Heizungsexperte bei der C&O-Eisenbahn sei und viel auf Reisen gewesen war, um die guten Kohlekunden zu besuchen und ihnen zu zeigen, wie man gute Öfen baut usw. Als der Krieg ausbrach, stellte die C&O Vater der Regierung zur Verfügung, und er fuhr durch das ganze Land, um die Kraftwerke im militärischen Bereich zu überprüfen, die mit Kohle arbeiteten. Als dann der Großangriff in Europa möglich wurde, erhielt er einen Auftrag in der Armee und trat einer Abteilung bei, die das Brennmaterial für den Tag X verwaltete.

Dort war mein Vater, das Einzugsalter weit hinter sich und trotzdem bereit, nach Übersee zu gehen, um den ersten Truppen auf den Kontinent zu folgen und Brennstofflager aufzubauen. Und hier war ich, zwanzig Jahre alt, noch in der Schule, so, als ob nichts geschehen wäre. Darum hatte ich mich gemeldet — und wurde in das Lager Barkeley, Texas, geschickt.

Ich sagte den Offizieren natürlich nicht, wieviel ein einzelner Soldat in diesem Krieg in Wirklichkeit wert war, weil ein paar Wochen in Staub und Schlamm meine Meinung darüber geändert hatten. Und dann, gerade als ich mich so fühlte, daß ich absolut nicht zähle, kam die unglaubliche Nachricht, daß ich in die medizinische Ausbildung gehen solle und daß die Armee mich hinschicken will.

In meinem unförmigen weißen Schlafanzug, den sie mir gaben,

lag ich nun auf der Isolierstation und starrte gegen die Holzdecke, mit dem schönen Gefühl der Befriedigung, daß doch alles gut lief. Ich glaube, wenn ich fromm gewesen wäre, hätte ich gesagt, Gott hat es getan, aber das fiel mir nicht ein. Natürlich bin ich zu Hause in die Kirche gegangen, aber es war nicht von großer Bedeutung für mich gewesen.

Wichtig war die Pfadfinderei. Seit dem 12. Lebensjahr war ich ein Pfadfinder, arbeitete mich hoch vom „Wölfling“ zum „Adler“ und dann im letzten Sommer zum Gehilfen des Pfadfindermeisters. Darum war ich natürlich gewohnt, in der Form von Anerkennung, Punkten, Beförderungen und Sachen dieser Richtung zu denken. Und jetzt war es fast so, als sei der freiwillige Wehrdienst eine Anerkennungsmarke und die Entsendung in das Medizinstudium die Belohnung.

So war das Leben eben. Nehmen wir zum Beispiel die Medizin. Mein Leben lang wollte ich Arzt werden, lange bevor ich alt genug war, um über die Fragen nach dem Lebensunterhalt nachzudenken. Im College stellte ich fest, daß man als Arzt mit dem Gutes-Tun auch eine Menge Geld verdienen kann. Wichtig war, daß man es nicht auf eine Belohnung abgesehen hatte. Die Belohnung kam als Ergebnis der richtigen Tat.

Die Krankenschwester blieb an meinem Bett stehen und schlug das Thermometer herunter. Ich steckte es unter die Zunge, in der Hoffnung, daß sich dort eine gute Nachricht verbergen würde. Es war inzwischen der 15. Dezember. Vier Tage war ich schon auf der Station und kein Fortschritt. Ich wurde nun wirklich unruhig, wenn ich daran dachte, ob ich gewiß am 18. im Zug sitzen würde. Selbst wenn das Fieber nachgelassen hatte, behielten sie einen, wie ich wußte, noch ein paar Tage zur Erholung auf einer anderen Station.

Sie betrachtete das Thermometer und trug etwas auf der Kurve ein. „Immer noch 39°. Ich fürchte ...“, sagte sie, und es klang wirklich, als würde es ihr leid tun. Ich hatte ihr von der großen Versetzung erzählt, die mir bevorstand, und sowohl sie als auch das übrige Personal schien aufrichtig besorgt. Ich hatte sie so lange gequält, bis sie mir einen Stapel Zugfahrpläne brachten, die ich neben der Wasserkanne, dem Trinkglas, dem Spucknapf und der Lampe auf dem Nachttisch liegen hatte. Unter all dem, was zum Krankenhaus gehörte, waren die Fahrpläne meine Verbindung zur Außenwelt. Falls ich kein Glück haben sollte und am 18. immer noch hier wäre, wollte ich jede Zugverbindung zwischen hier und Virginia studieren, bis ich eine Möglichkeit entdeckte, meine Ausbildung am 22. zu beginnen. Falls ich nicht erscheinen würde, das war mir klar, gab es ein Dutzend anderer Soldaten, die darauf warteten, meinen Platz einzunehmen. Selbst wenn das Wunder passieren sollte, daß mein Platz frei bliebe, wären meine Chancen, den Anschluß zu finden, gleich null, wenn ich erst hinkäme, nachdem sie schon begonnen hatten. Es handelte sich um eines der Ausbildungsprogramme der Armee mit der größten Konkurrenz. Ich war gewarnt worden, daß ein Drittel der Klasse in den ersten neun Monaten durchfallen würde.

Ich schluckte die Pille, die mir die Schwester in einem Papierbecher hingestellt hatte und kehrte zu meiner tröstenden Philosophie zurück. Ich wußte genau, warum ich ursprünglich Doktor werden wollte. Es war nicht um des Geldes willen. Ich wollte Papa Dabney helfen.

Papa Dabney war der Vater meiner Mutter; ich konnte meine Augen schließen und sah seine blauen Augen und seinen struppigen weißen Schnurrbart. Die Dabneys waren französische Hugenotten, die sich im 18. Jahrhundert in Virginia niedergelassen hatten, in einem Bezirk, der immer noch seine besondere Sprache beibehalten hatte. Papa Dabneys Garten war immer ein „gyarden", sein Auto ein „cyah".

Er und Mama Dabney waren meiner älteren Schwester und mir mehr Eltern als Großeltern. Einen Monat nach meiner Geburt starb unsere Mutter, und Vaters Aufgaben in der C&O bedeuteten, daß er viel reisen mußte. Darum nahmen Papa und Mama Dabney Mary Jane und mich nach „Moss Side" in ihr großes, altes Fachwerkhaus, das damals noch außerhalb Richmonds lag.

Für einen kleinen Jungen war es herrlich, dort aufzuwachsen. Da war zum Beispiel der gewaltige Schaukelstuhl auf der breiten Veranda oder die uralten Eichen im Garten. Mama Dabney hielt eine Kuh und Hühner im Garten so lange, bis sie von der Stadtbehörde daran gehindert wurde. Sie war eine altmodische kleine Dame, die ihren Mann Mr. Dabney nannte und ihren alten Küchenherd mit Holzfeuerung den neuen Gasherden vorzog. An jedem Morgen meines frühen Lebens wachte ich von den Geräuschen unten in der Küche auf: Mama Dabney knetete den Brotteig.

Papa Dabney besaß den größten Schuhladen im Süden. In der Kinderabteilung im zweiten Stock hatte er ein Karussell mit Fußantrieb, auf dem ich gerne spielte. An anderen Tagen nahm er mich mit zum Eisenbahngelände in der Nähe unseres Hauses, und wir beobachteten, wie sie an den alten Richmond-, Frederick- und Potomac-Zügen die Lokomotiven wechselten.

Ein anderes Haushaltsmitglied war Miss Williams, eine Krankenschwester, die mit mir, dem kränklichen, zu früh geborenen Kind ohne Lebenserwartung aus dem Krankenhaus nach Hause gekommen war. Papa Dabney erzählte gerne, daß ich so klein war, daß sie mich in einem Florsheim-Schuhkarton nach Hause tragen konnten. Miss Williams hatte eine Brille mit Silberfassung und eine Beule auf ihrer Nase, die nach einem Bruch nur armselig zusammengesetzt worden war. Sie zog mich mit der Flasche groß, zu der Zeit in Richmond eine unbekannte Neuigkeit, und danach blieb sie, um für Mary Jane und mich zu sorgen.

Vater heiratete wieder, als ich sieben Jahre alt war. Mary Jane und ich gingen zu ihm und unserer Stiefmutter in ein kleines Haus am Brook Road, und Miss Williams verließ uns, um für jemand anderes zu arbeiten. Trotzdem verbrachte ich nahezu jedes Wochenende mit Papa und Mama Dabney auf Moss Side. Und langsam, nach Jahren beobachtete ich Papa Dabney, wie er von einer Krankheit gekrümmt und gebeugt wurde, die niemand heilen konnte.

Sie nannten es rheumatische Arthritis. Als ich klein war, hatte er es nur in den Beinen, und er ging an Krücken. Danach breitete es sich in seinen Schultern und Händen aus, und er mußte im Rollstuhl leben. Als ich größer war, hob ich ihn von seinem Stuhl in den Wagen oder ins Bett und konnte feststellen, wie sehr es ihn schmerzte. Nicht daß Papa Dabney jemals etwas sagte; er war der Mensch auf Erden, der sich am wenigsten beschwerte. Ja, sein Arzt brachte sogar andere Patienten mit, um den so schwer verkrüppelten alten Mann zu besuchen, damit sie durch ihn aufgeheitert wurden. Doch dann zuckte er wieder, und sein Gesicht wurde ganz weiß. Da nahm ich mir vor, Arzt zu werden.

Jetzt war es zu spät, irgend etwas für Papa Dabney zu tun. Er war vor drei Jahren gestorben, als ich siebzehn war. Ich erinnere mich noch, wie ich von einem Pfadfinder-Wochenende nach Hause kam und meinen jungen Halbbruder Henry und meine kleine Stiefschwester Bruce Gordon am Fenster sah. Henry war erst sieben und Bruce Gordon fünf; wahrscheinlich waren sie zu jung, um wirklich zu verstehen, was passiert war, aber ich sah sofort, daß beide geweint hatten. Sie erzählten mir, daß Vater, Mutter und Mary Jane drüben in Moss Side seien.

Sie hatten Papa Dabney in das vordere Zimmer gelegt. Ich hatte eine lange Zeit in der Eingangstür zum Familienzimmer gestanden und fühlte einen mir fremden Widerstand, der mich am Eintreten hinderte. Der graue Metallsarg stand auf Böcken neben dem alten Edison-Plattenspieler. Schließlich ging ich doch und schaute zu meinem Großvater herunter.

Aber diese bleiche, ruhende Gestalt war nicht Papa Dabney! Er war zu still, zu farblos. Besonders seine Hände schockten mich. Der Leichenbestatter hatte seine verkrüppelten Finger gestreckt, so daß sie nun flach auf der leuchtenden Atlasseide lagen. Papa Dabneys Hände, so verkrümmt sie auch waren, sie waren für mich schön gewesen. Diese Hände waren zu gerade, zu wachsweiß, sie entsetzten mich.

Doch obwohl ich niemals eine Gelegenheit bekam, meinem Großvater zu helfen, so hat er mich doch wenigstens mit den Leiden dieser Welt bekannt gemacht. Und falls, wie ich jetzt entdeckte, ein Mann mit dem Verhindern von Leiden Geld verdienen konnte, dann war das einfach eine wunderbare Gerechtigkeit in der Art, wie es in unserer Welt nun einmal eingerichtet ist.

Es war lustig, in der Tat... sobald ich die Seite des Verdienstes herausgefunden hatte, fing ich auch an, darüber nachzudenken, welche Dinge ich gern besitzen wollte. Ich hatte eine ganz schöne Liste zusammen, die mit einem Cadillac begann, einem Swimming-pool und einem Boot.

Der Pfleger rollte das Mittagessen in den großen Raum, und ich legte meine Träume von einem hohen Lebensstandard zur Seite, jedenfalls lange genug, um mich auf den Blechteller vor mir zu konzentrieren. Aber nachdem das Mittagessen vorüber war, kehrten die Gedanken, die mir zu Kopf gestiegen waren, zurück. Ich kalkulierte, daß ich in diesem beschleunigten Armeeprogramm einer der jüngsten Ärzte würde, die jemals ihren Abschluß machten. Und dann — nun gut, der Krieg konnte ja nicht ewig dauern.

Ich betrachtete den Ring an meiner linken Hand: Auf dem Oval des schwarzen Onyx war die goldene Eule der Phi-Gamma-Delta-Verbindung zu erkennen, abgerundet durch die Worte „Universität von Richmond 1945". Wie viele andere der 45er Klasse war ich bereits 1943 mit der Schule fertig geworden und steckte hier in einer Uniform! Wenn ich die medizinische Ausbildung in diesem Monat beginnen würde und in drei Jahren fertig würde... ich rechnete aus, daß ich in der Zeit fünfundzwanzig sein würde, und ich könnte dann den Cadillac haben.

16. Dezember. Ich nahm den Stapel Eisenbahnfahrpläne vom Nachttisch und schaute sie zum hundertsten Male durch. Aber egal wie ich kalkulierte, es gab einfach keinen Weg von Abilene, Texas, nach Richmond, Virginia, unter 30 Stunden Fahrzeit. In Wirklichkeit konnte ich es im Kriegszeitreiseverkehr und besonders um Weihnachten herum nur mit viel Glück in 48 Stunden schaffen. Das bedeutete, der 19. Dezember war der allerletzte Tag, an dem ich Abilene verlassen mußte. Und anstelle von einer Erkältung nannten mir die Ärzte jetzt, was ich hatte, eine Grippe.

Dann, ganz unerwartet, hielt der helle Quecksilberstreifen im schlanken Glasröhrchen am Morgen des 17. Dezember bei 36,9° an. Sofort teilte die Tagesschwester dem diensthabenden Mediziner die gute Nachricht mit. In wenigen Minuten erschien er an meinem Bett.

„Ich bringe Sie persönlich zur Baracke, in der Sie sich erholen können", sagte er.

Er schulterte selbst meine Sachen und zog durch ein Labyrinth hölzerner Korridore, ich trottete in meinen Stiefeln und im Overcoat hinter ihm her. Ich konnte es kaum glauben, daß diese Männer und Frauen, und dazu noch Offiziere, für einen kleinen Rekruten so viel Schwierigkeiten auf sich nahmen, aber der Arzt versicherte mir, daß er meine Entlassung vorantreiben würde, wenn die Temperatur nur unten bliebe. Er würde mich dann am folgenden Tag schon herausbekommen.

Die Baracke zur Erholung, in die ich nun einzog, sah genauso aus wie die, die ich gerade verlassen hatte. Zwölf Betten an jeder Seite, 24 weiß gestrichene Stühle, 24 Nachttische, jeder mit einer Tischlampe und einem kleinen Nachtlicht. Die gleichen drei Büroräume, wenn man hineinkam, mit den drei Schlafkammern gegenüber. Nur, hier durften wir als Genesende ungehindert kommen und gehen und andere Teile des riesigen Krankenhauskomplexes aufsuchen, wie zum Beispiel den Krankenhausladen oder das Kino, die mehrere Anschlußgebäude entfernt lagen. Trotzdem verbrachte ich den Tag sitzend neben meinem Bett. Es schneite draußen, und ich wollte auf keinen Fall den Versuch unternehmen, mir in irgendeinem zugigen Korridor eine weitere Erkältung zu holen.

Ich dachte weiterhin viel über Weihnachten nach, wie großartig es sein würde, wieder in Richmond zu sein. Ich war sicher, daß sie den Medizinstudenten einen Tag zu Weihnachten freigeben würden, und da Richmond mein Heimatort war, bedeutete das für mich, daß ich bei meiner Familie sein würde.

Vater war natürlich weit weg, aber die Mutter würde dort sein. Eigentlich war sie ja meine Stiefmutter, und wir waren nicht immer gut miteinander ausgekommen, aber während ich in der Holzbaracke des Krankenhauses in Texas saß und der Graupelregen gegen die Fenster schlug, erkannte ich, wie ich sie vermißte.

Möglicherweise würde sogar Mary Jane und ihr Mann von Fort Belvoir, Virginia, kommen. Ich vermißte ganz besonders Mary Jane. Ich vermißte sogar Henry und Bruce Gordon. Seitdem sie geboren waren, war ich neidisch auf sie gewesen, denn nachdem meine Stiefmutter eigene Kinder hatte, war ich sicher, daß sie sich nicht mehr soviel um mich kümmerte. Aber zu Weihnachten — nun ja, es würde schon schön sein zu beobachten, wie die Kleinen mit Kriegsgeheul die Treppe herunterkommen würden.

Beim Löschen der Lichter kam eine Schwester durch die Baracke, um die Temperatur zu messen und das Ergebnis zu notieren. Es war ein Stück Routine — sie hatten es in bestimmten Abständen den ganzen Tag über getan, und ich dachte mir nichts dabei, bis der Pfleger an meinem Bett erschien mit meinem Armeesack und dem anderen Zeug unter seinem Arm.

„Wir müssen zur Isolierstation gehen", sagte er.

Ich starrte ihn an. „Wie bitte?"

„Sie haben Fieber. Ich muß Sie zur Isolierstation bringen."

„Aber — mein Fieber ist doch weg! Ich kann morgen gehen!"

Mit einem Achselzucken ging er, um die Schwester zu suchen. Dieses Mal konnte ich es selbst auf dem Thermometer lesen: 39.5°.

Wie betäubt folgte ich dem Soldaten durch die langen Korridore aus Holz in eine Baracke, die genauso aussah wie die anderen beiden, in denen ich gewesen war. Ich hatte wenigstens gehofft, daß sie mich in die Baracke zurückbringen würden, die ich an jenem Morgen verlassen hatte, wo doch die Belegschaft ein so starkes Interesse an mir entwickelt hatte, aber, obwohl diese genauso aussah wie die andere, entdeckte ich beim Herumschauen nach einer Minute, daß sie es nicht war. Im Camp gäbe es zur Zeit so viel Grippe, erklärte mir der Pfleger, daß jedes Bett sofort belegt würde, wenn es frei wäre.

Ich ließ mich in das fallen, das er mir zeigte, aber an Schlaf war nicht zu denken. Was sollte ich jetzt tun? Morgen war der 18. Ich würde niemals in dem eigentlichen Zug sitzen — und was passierte, wenn ich den am 19. auch verpaßte?

Die ganze Nacht warf ich mich hin und her, mein eigener Husten und das Husten der Männer um mich herum hielten mich wach.

Weshalb mußte mein Fieber wieder so plötzlich steigen? Von der medizinischen Vorschule wußte ich, daß die Grippe sich plötzlich und ohne Vorwarnung in Lungenentzündung verwandeln konnte, und daß einem nicht allzuviel zu tun übrig blieb, wenn dies passierte. Einige wenige Ärzte würden mit neuen Medikamenten herumexperimentieren, aber die waren noch nicht im allgemeinen Gebrauch. Wenn dies also eine Lungenentzündung würde — nun, dann brauchte mir keiner zu erzählen, wie lange ich noch hier bleiben würde.

Aber am nächsten Morgen, am 18. Dezember, war mein Fieber wieder etwas gesunken. Nicht genug, um wieder in die Baracke zur Erholung umzuziehen, aber genug, um meine Hoffnung aufrecht zu erhalten. Ich erzählte den neuen Schwestern von dem Stichtag in Richmond, und sie waren genauso sympathisch wie die anderen. Gegen Abend hatte sich eine besorgte kleine Gruppe von Mitarbeitern gebildet, die sich ausführlich meinem Problem widmeten. Während wir noch einmal die Fahrpläne durchforschten, entdeckte jemand einen Zug, der in der Nacht vom 19. — eigentlich war es schon früh morgens am 20. — Abilene um 4 Uhr verlassen würde. Mit einem bißchen Glück würde ich vielleicht doch noch zur rechten Zeit in Richmond sein.

„Ich könnte einen Jeep besorgen, der Sie direkt hier am Krankenhaus abholt", sagte einer der Ärzte. „Wenn Ihre Temperatur weiterhin heruntergeht, werden wir Sie am Morgen — das ist dann am 19. — in die Baracke zur Erholung bringen, und Sie können direkt von dort am nächsten Morgen zum Bahnhof gehen, ohne daß Sie sich noch einmal in Ihrer Baracke melden müssen."

Und, Wunder über Wunder, am Morgen des 19. hatte ich wieder einmal normale Temperatur! Nach dem Wort des Arztes wurde ich sofort in die andere Baracke gebracht, mit meinem Zeug und allem und mit der Zusicherung, daß mich am folgenden Morgen dort ein Jeep um 3.20 Uhr abholen würde.

Es war das vierte Bett, das mir in diesem Irrgarten von Krankenhaus zugewiesen wurde, und rein äußerlich war es nicht anders als in den übrigen Baracken. Zwölf Betten in einer Reihe, zwölf auf der anderen Seite des Ganges, drei Büros in der Nähe der Tür und drei kleine Gemächer gegenüber für ernste Fälle. Aber für mich war dieses monotone Arrangement der schönste Raum in der Welt. Hier und in dieser Nacht würde der Jeep kommen und mich für immer von den Sandstürmen und Exerzierfeldern hinwegholen.

An jenem Nachmittag zog ich meine Uniform an, ganz einfach, um mich wieder an Kleidung zu gewöhnen. Ich versuchte zu ruhen, aber ich war zu aufgeregt, um stillsitzen zu können. Gegen 17 Uhr schlug mein Nachbar vor, ins Kino zu gehen, um die Zeit damit totzuschlagen. Als ich das erste Mal in dieser Abteilung war, hatte ich nicht gewagt zu gehen, um nicht wieder krank zu werden. Dieses Mal ging ich auf alles ein, was die Wartezeit verkürzte. Die Ungewißheit der letzten Tage, beinahe entlassen zu sein, und dann doch wieder auf der Isolierstation zu landen, dann wieder zurück zur Erholungsbaracke, all das hatte mich fertig gemacht.

Wir gingen zur frühen Veranstaltung, gleich nach dem Abendessen, denn ich wollte früh schlafen gehen. Doch ich kann mich nicht einmal mehr erinnern, was es für ein Film war. Ich weiß nur, daß ich diesen fürchterlichen Hustenanfall bekam, als wir im Kino saßen.

Wir gingen ungefähr um 21.15 Uhr zurück zur Baracke. Ich drückte beide Daumen, daß die Schwester ihre letzte Runde vor der Nacht beendet haben würde. Nur der Pfleger war noch im Dienst, und ich atmete auf vor Erleichterung. Ich fühlte, daß ich wieder Fieber haben könnte, und ich wollte nicht, daß mir irgend jemand ein Thermometer in den Mund steckte.

Ich ging zu dem kleinen Raum des Pflegers und bat um ein paar Aspirin. Er gab mir sechs davon und drei APC-Tabletten, das einzige, was er ausgeben durfte. Ich holte mir meinen Armeesack aus seinem Raum und meine knöchelhohen GI-Stiefel und den olivfarbenen Overcoat und stapelte alles am Fußende meines Bettes auf. Dann legte ich meine Uniform auf den Stuhl, um sie mitten in der Nacht griffbereit zu haben.

Eine der Schwestern hatte mir einen Wecker geliehen, und ich prüfte noch einmal, ob er auch wirklich für 3 Uhr morgens eingestellt war. Schließlich nahm ich noch zwei von den Aspirin und eine der APC-Pillen, und trotz der Tatsache, daß die meisten Kerle in der Baracke noch auf waren und herumliefen, ging ich zu Bett und war in einer Sekunde eingeschlafen.

III

Ein Hustenkrampf weckte mich auf. Ich griff nach dem Spucknapf auf meinem Nachttisch und spuckte etwas hinein. Mein Kopf schmerzte, meine Brust fühlte sich an, als würde sie brennen. Die Station war ruhig und dunkel, nur die kleinen Nachtlichter brannten neben jedem Bett.

Wie spät war es eigentlich? Ich spähte zum Wecker, aber es war zu dunkel, um etwas erkennen zu können. Ich nahm die Uhr und hielt sie dichter an das Nachtlicht.

Mitternacht.

Ich nahm den Krug vom Tisch und goß mir ein Glas Wasser ein, schluckte zwei weitere Aspirin und noch eine APC-Tablette und legte mich wieder zurück. Dabei bemerkte ich erst, daß meine Bettwäsche klitschnaß war. Ich mußte mich immer wieder hinsetzen und in den Becher spucken. Schließlich mußte ich doch eingedöst sein, denn ich wachte plötzlich auf und kämpfte um Luft. Als der Hustenanfall vorüber war, schaute ich wieder nach der Uhr. Zehn nach zwei.

Weniger als eine Stunde, bevor ich aufstehen mußte. Ich fühlte mich jämmerlich. Der Schweiß triefte aus allen Poren, und mein Herz schlug wie ein Preßlufthammer. Ich nahm die letzte Aspirin und versuchte noch einmal einzuschlafen, doch beim Husten löste sich immer wieder etwas tief in meiner Brust, und dann mußte ich nach dem Becher greifen. Schließlich stützte ich mich mit dem Kissen und setzte mich aufrecht hin. Das schien dem Husten zu helfen, aber es schmerzte überall, und ich wußte mit Sicherheit, daß ich Fieber hatte. Wichtig war, daß das niemand anders herausfand, bevor ich sicher im Zug saß!

Ich schaute wieder auf die Uhr. Es war beinahe Zeit, um mich anzuziehen. Ich stellte den Wecker ab. Es war ja nicht nötig, die anderen zu stören, wo ich doch bereits wach war. Ich stand auf und überlegte, ob ich es wagen sollte, die Tischlampe anzuschalten. Wenn dieser

Husten die Leute nicht aufgeweckt hat, konnte ich mir nicht denken, daß irgend etwas anderes es schaffen würde. Ich knipste das Licht an und ging um mein Bett herum zu dem Stuhl, etwas verwirrt über meine zitternden Knie. Ich nahm meine Uniform und bewegte mich vorsichtig zurück zum Nachttisch. Ich fühlte mich entsetzlich schwindelig. Ich mußte vorsichtig sein, sonst würde der Jeepfahrer etwas merken. Ich hielt an und starrte auf den Tisch.

Der Spucknapf war bis zum Rand voll mit hellem, rotem Blut.

Aus dem Medikamentenzimmer in der Nähe der Tür kam ein Lichtschein. Ich ging hin und schaute hinein. Der Nachtpfleger las eine Illustrierte. „Leihen Sie mir doch bitte für eine Sekunde ein Thermometer", sagte ich.

Er stand auf und reichte mir eins vom Regal. Ich ging ein paar Schritte weg, bevor ich es mir in den Mund steckte: Dies war ausschließlich zu meiner eigenen Information gedacht. Eine Minute später las ich am Eingang zum Medikamentenzimmer die Temperatur ab.

Besser gesagt, ich versuchte es. Ich konnte es nicht entziffern. Ganz egal, wie ich das Thermometer auch drehte, der Quecksilberstreifen schien geradewegs bis zum Ende zu reichen. Der Pfleger tauchte hinter mir auf und nahm es mir aus der Hand.

„Einundvierzig!" keuchte er, und bevor ich ihn halten konnte, stürzte er durch die Doppeltür in den Korridor.

In einer Minute war er zurück mit der Nachtschwester auf den Fersen. Sie nahm ein anderes Thermometer vom Regal des Medikamentenraumes und schaute auf ihre Uhr, während ich das kleine Röhrchen unter meine Zunge hielt und mich selbst einen unvernünftigen Dummkopf schimpfte. Sie zog es aus meinem Mund und warf einen Blick darauf.

„Setzen Sie sich!" sagte sie.

Sie führte mich wie ein kleines Kind zu dem Stuhl, auf dem der Pfleger gesessen hatte. „Sie bleiben bei ihm", sagte sie, zu ihm gewandt. „Ich bin gleich zurück!"

„Ich kann hier nicht warten", erzählte ich dem Soldaten, nachdem sie verschwunden war. „Ich muß mich anziehen. In genau einer Stunde muß ich den Zug kriegen."

„Immer mit der Ruhe", sagte er. „Der Arzt ist bereits unterwegs."

Was war mit dem Kerl nur los? Hatte er mich nicht verstanden? „Ich muß nach Abilene! Ein Jeep holt mich in 20 Minuten ab!"

„Ist recht“, sagte er, „bleiben Sie nur schön ruhig sitzen, und dann wird alles ok.“

Der Irre wollte mich einfach nicht beachten, und als der Arzt kam, war es nicht anders. Er horchte die Lungen ab und sprach dann von Röntgenaufnahmen.

„Der kann niemals so weit laufen“, sagte er zu der Schwester. „Wir bestellen lieber einen Krankenwagen her.“

Während die Schwester telefonierte, versuchte ich ihnen klarzumachen, daß ich nicht auf einen Krankenwagen, sondern auf den Jeep wartete. Ich war immer noch beim Erzählen, als zwei Soldaten mit einer Trage angelaufen kamen. Der Arzt forderte mich auf, mich darauf zu legen, was natürlich total verrückt war, wo ich doch meine Uniform anziehen wollte. Aber ein Rekrut streitet sich nicht mit einem Vorgesetzten, darum legte ich mich hin, und sie hüllten mich in einige Decken und nahmen das Ding hoch.

In der nächsten Minute fühlte ich die kalte Nacht in meinem Gesicht, sie schoben mich durch die Hintertür des Krankenwagens, und wir holperten über einen Weg. Nach kurzer Zeit wurden die Türen geöffnet, und wieder fühlte ich den eisigen Windstoß. Sie trugen mich durch einige Türen und setzten die Trage in einem Raum voller Maschinerien ab. Ein Mann im weißen Kittel beugte sich über mich.

„Meinen Sie, daß Sie eine Minute stehen können?“ fragte er.

Ich mußte fast lachen, als die beiden Träger mir unter die Arme faßten und mich auf die Füße stellten. Nach kurzer Zeit würde ich noch wesentlich länger als eine Minute auf dem Bahnhof stehen müssen!

Sie hielten immer noch meine Arme, während wir zu einer aufrechten Metallplatte hinübergingen, die mit einer kleinen Einbuchtung oben für das Kinn versehen war. Der Mann in Weiß maß mich mit seinen Augen. „Ein Meter fünfundachtzig“, sagte er und drehte an einer Kurbel an der Seite des Apparates, um es ein wenig anzuheben. Er tippte auf die kleine Rundung.

„Können Sie Ihr Kinn darauf legen? So ist es richtig. Jetzt halten Sie mal für eine Sekunde die Luft an.“

Die Männer ließen meine Arme los und gingen mit dem Techniker hinter die Schutzwand. Ich hörte es klicken und surren.

Das Surren hörte nicht mehr auf. Im Gegenteil, es wurde lauter. Das Surren war in meinem Kopf, und meine Knie waren plötzlich wie aus Gummi. Sie knickten um, und ich fiel hin, und in der ganzen Zeit wurde das Surren noch lauter.

IV

Mit einem Ruck setzte ich mich hin. Wie spät war es? Ich blickte zum Nachttisch, aber sie hatten meinen Wecker weggenommen. Überhaupt ... wo war denn eigentlich mein ganzes Zeug? Die Fahrpläne. Meine Uhr!

Ich schaute mich um. Ich war in einem kleinen Raum, den ich nie zuvor gesehen hatte. Im Schein des Nachtlichtes konnte ich sehen, daß das eine Bett ihn praktisch ausfüllte. Da stand ein weißer Holzstuhl am Eingang, das Bett, der Tisch, und das war alles.

Wo war ich?

Und wie war ich hierhergekommen?

Ich dachte zurück und versuchte, mich zu erinnern. Das Röntgengerät — richtig! Sie hatten mich zur Röntgenabteilung gebracht und ... ich muß in Ohnmacht gefallen sein oder sonst irgendwas.

Der Zug! Ich würde den Zug verpassen! Eilig sprang ich aus dem Bett und suchte nach meinen Kleidern. Die Röntgenleute konnten natürlich nichts von dem Zug wissen. Darum hatten sie mich hierher gebracht, anstatt mich dorthin zu schicken, wo der Jeep auf mich wartete.

Meine Uniform war nicht auf dem Stuhl. Ich schaute darunter. Dahinter. Auch kein Armeesack. Wo sonst konnten sie es in diesem kleinen Verlies gelassen haben? Vielleicht unter dem Bett? Ich drehte mich um und erstarrte.

Jemand lag in diesem Bett.

Ich ging einen Schritt näher. Es war ein ziemlich junger Mann mit kurzem braunem Haar. Er lag sehr still. Aber ... das war doch unmöglich. Ich war doch gerade aus diesem Bett aufgestanden! Einen kurzen Moment beschäftigte mich das Geheimnis. Es war zu fremd, darüber nachzudenken — und überhaupt, ich hatte doch keine Zeit.

Der Nachtpfleger! Vielleicht waren meine Kleider in seinem

Raum! Ich eilte aus dem kleinen Raum und schaute mich um. Zwei Reihen Nachtlichter schienen gegen die Wände der Station. Ich meinte nicht, daß ich hier vorher schon einmal gewesen wäre, aber es war schwer zu sagen, denn sie sahen sich alle so sehr ähnlich.

Direkt gegenüber von mir stand die Tür zum Medikamentenraum offen, das Licht war an, aber kein Sani. Ich trat ein, doch die Regale hatten nur die gewöhnliche Ausstattung, keine Kleider oder Schuhe zu sehen. Das Arzt- und das Schwesternzimmer waren beide dunkel — auch dort niemand. Leise ging ich an der Reihe der schlafenden Soldaten in dem großen Raum entlang und überlegte, wo sie mein Zeug hier draußen hingetan haben könnten. Aber das Licht war zu gedämpft, als daß ich etwas hätte erkennen können. Abgesehen von einigem Schnarchen und gelegentlichem Husten war nichts zu hören.

Ich ging zurück, vorbei an den Büroräumen und trat hinaus in den Korridor. Ein Feldwebel kam mir entgegen, er trug ein Tablett mit Instrumenten, das mit einem Tuch bedeckt war. Wahrscheinlich wußte er nicht Bescheid, aber ich war so glücklich, irgend jemanden wach zu finden, daß ich direkt auf ihn zuging.

,,Entschuldigen Sie, Feldwebel'', sagte ich. ,,Haben Sie den Sani der Station vielleicht gesehen?''

Er antwortete nicht. Blickte mich noch nicht einmal richtig an. Er ging nur geradewegs auf mich zu, ohne langsamer zu werden.

,,Passen Sie auf!'' schrie ich und sprang zur Seite.

Im nächsten Augenblick war er an mir vorbei und ging den Korridor hinunter, so, als hätte er mich nie gesehen, und ich konnte nicht begreifen, warum wir nicht zusammengestoßen waren.

Und dann sah ich etwas, das gab mir eine neue Idee. Weiter hinten im Korridor war eine der schweren Metalltüren, die nach draußen führten. Ich eilte dorthin. Wenn ich auch den Zug verpaßt haben sollte, ich würde schon eine Möglichkeit finden, nach Richmond zu kommen!

Fast unbewußt fand ich mich draußen wieder und eilte geschwind dahin, mit einer Schnelligkeit, wie ich mich nie zuvor in meinem Leben bewegt hatte. Es war nicht so kalt, wie es vorher am Abend gewesen war — ja, eigentlich empfand ich weder Hitze noch Kälte.

Als ich hinunterblickte, war ich erstaunt, daß ich nicht die Erde sah, sondern die Spitzen einiger Büsche unter mir. Camp Barkeley schien bereits weit hinter mir, als ich über die dunkle gefrorene Wüste jagte. Mein Verstand versuchte mir klarzumachen, daß das, was ich tat, unmöglich war, und doch . . . es geschah.

Die Lichter einer Stadt tauchten unter mir auf, Warnlichter blinkten an den Kreuzungen. Dies war lächerlich. Ein menschliches Wesen kann ohne Flugzeug nicht fliegen — für ein Flugzeug flog ich jedoch zu niedrig.

Das Land schien jetzt mehr bewaldet: breite, schneebedeckte Felder, umgeben von dunklen Bäumen. Gelegentlich sah ich die Straße. Aber zu dieser Nachtzeit war nur wenig Verkehr unterwegs, und die Städte, an denen ich vorüberzog, waren dunkel und still.

Ich ging nach Richmond; irgendwie hatte ich das von dem Augenblick an gewußt, als ich durch die Krankenhaustür stürmte. Ich ging hundertmal schneller nach Richmond, als irgendein Zug auf dieser Erde mich hätte befördern können.

Aber... nachdem ich jetzt darüber nachdachte, wie konnte ich sicher sein, daß dies der Weg nach Richmond war? Ich war zwischen Texas und Virginia nur einmal gereist, und dazu in der anderen Richtung, und ein großer Teil der Bahnfahrt war nachts gewesen. Was bestärkte mich in dem Gedanken, daß ich allein meinen Weg nach Richmond finden würde?

Ein besonders breiter Fluß war unter mir zu sehen. Dort war eine lange, hohe Brücke, und an dem andern Ufer die größte Stadt, die mir bis jetzt begegnet war. Ich wünschte, daß ich dort hinunter könnte, um irgend jemanden zu finden, der mir die Richtung sagen würde.

Fast zur gleichen Zeit bemerkte ich, wie ich mich langsamer fortbewegte. Gerade vor mir, wo zwei Straßen zusammenkamen, entdeckte ich ein flackerndes, blaues Licht. Es kam von einem Neonschild über der Tür eines einstöckigen Gebäudes mit einem roten Dach, mit einem „Pabst Blue Ribbon Beer"-Schild im Fenster. „Café", entzifferte ich die tanzenden Buchstaben über der Tür, und aus den Fenstern fiel der Lichtschein auf das Pflaster.

Während ich hinunterstarrte, entdeckte ich, daß ich zum Stillstand gekommen war. Das Gefühl, irgendwie 15 Meter über dem Erdboden zu hängen, war noch fremder, als der Flug im Wirbelwind gewesen war. Aber ich hatte keine Zeit, mir darüber den Kopf zu zerbrechen, denn auf dem Fußweg kam in Richtung Nachtcafé ein Mann eilig daher. Ich dachte, ich könnte wenigstens von ihm herausfinden, welche Stadt dies wäre und in welcher Richtung ich mich bewegte. Gerade, als mir der Gedanke kam — so, als ob der Gedanke und Bewegung identisch geworden wären — fand ich mich unten auf dem Fußweg und eilte an der Seite des Fremden entlang. Er war ein

Zivilist, vielleicht 40 oder 45 Jahre, trug einen Mantel, aber keinen Hut. Er dachte anscheinend angestrengt über etwas nach, denn er schaute auch nicht einmal nach mir, seitdem ich neben ihn getreten war und ihn begleitete.

„Können Sie mir bitte sagen", fragte ich, „was für eine Stadt das hier ist?"

Er ging einfach weiter.

„Bitte, mein Herr!" sagte ich und sprach jetzt lauter. „Ich bin ein Fremder hier und wäre sehr dankbar, wenn . . ."

Wir hatten das Café erreicht, und er drehte sich um, um nach dem Türgriff zu fassen. War der Bursche taub? Ich streckte meine linke Hand aus und wollte ihm auf die Schulter klopfen.

Aber da war nichts.

Ich stand da vor der Tür und gaffte ihm nach, als er sie öffnete und drinnen verschwand. Es war so, als hätte ich dünne Luft berührt. So, als wäre dort niemand gewesen. Und trotzdem hatte ich ihn bestimmt gesehen, sogar die ersten schwarzen Stoppeln an seinem Kinn, wo er sich hätte rasieren sollen.

Ich kehrte mich ab von dem Geheimnis des Mannes ohne Körper und lehnte mich gegen das Halterungsseil eines Telefonmastes, um die Dinge zu durchdenken. Mein Körper ging durch das Seil hindurch, als ob es nicht da wäre.

Dort auf dem Fußweg der unbekannten Stadt fing mein ungläubiges Denken an. Das fremdeste und schwierigste Denken, mit dem ich es jemals zu tun hatte. Der Mann in dem Café, dieser Telefonmast . . . angenommen, sie wären durchaus normal. Angenommen, ich war derjenige, der irgendwie verändert war. Wie wäre es, wenn ich auf irgendeine unmögliche, unvorstellbare Weise meinen Körper verloren hätte, meine Fähigkeit, Dinge zu greifen, mit dieser Welt in Berührung zu kommen? Sogar gesehen zu werden! Der Bursche gerade eben. Es war offensichtlich, daß er mich weder gesehen noch gehört hatte. Auch nicht der Feldwebel dort im Krankenhaus hatte es, wie mir allmählich klar wurde. Es war so, als ob ich für beide überhaupt nicht existiert hatte.

Und wenn diese beiden mich nicht gesehen hatten — die verrückten Gedanken setzten sich fort —, wer sagte mir eigentlich, daß die Leute vom medizinischen College von Virginia in der Lage sein würden, mich zu sehen? Was hatte es überhaupt für einen Sinn, nach Richmond zu eilen, wenn bei meiner Ankunft doch keiner auf mich aufmerksam würde?

Auch Weihnachten — was würde geschehen, wenn ich zu Weihnachten nach Hause käme und meine eigene Familie könnte mich nicht einmal sehen? Eine entsetzliche Einsamkeit überfiel mich. Irgendwie, auf irgendeinem Wege mußte ich diesen — diesen Körper zurückbekommen, den andere Leute sahen, auf den sie reagierten.

Und plötzlich erinnerte ich mich an den jungen Mann, den ich im Bett in dem kleinen Krankenzimmer gesehen hatte.

Wie, wenn das womöglich... ich gewesen wäre? Oder nur der stoffliche, feste Teil von mir, der auf irgendeine unerklärliche Weise von mir getrennt wurde. Wie wäre es, wenn die Hülle, die ich in dem Krankenzimmer in Texas zurückgelassen hatte, meine eigene wäre?

Und wenn dem so wäre, wie konnte ich zu ihr zurückkommen? Wie konnte ich so gedankenlos hinwegeilen!

Ich war wieder in Bewegung und entfernte mich schnell von der Stadt. Unter mir war der breite Fluß. Anscheinend war ich auf dem Wege zurück, zurück in die Richtung, aus der ich gekommen war, und es schien mir, als wäre die Geschwindigkeit noch größer als vorher. Hügel, Seen, Farmen flogen unter mir vorüber, als ich in einer unentwegt geraden Linie über dunkles, nächtliches Land raste.

Schließlich nahmen die Bäume ab, und mit dem Schimmer einer Erinnerung sah ich unter mir die Büsche und die wasserleeren Mulden von Westtexas. Dort erschienen die Barackendächer von Camp Barkeley, lange, dunkle Silhouetten gegenüber dem schneebedeckten Boden. Ich verlor an Höhe; ich wurde langsamer. Ich stand vor dem Lazarett.

Ich eilte hinein. Dort war die Aufnahme, wo ich mich vor zehn Tagen gemeldet hatte. Es war natürlich still in der Mitte der Nacht, denn die Büros waren geschlossen. Ich begab mich in den linken Korridor, aber ich hielt an, als ich sah, daß er, so wie es aussah, zum Speiseraum des Personals führte. Wo war die Station, auf der ich um einiges früher in dieser Nacht aufgewacht war?

Am Ende mehrerer Gänge kam ich wenigstens in einen großen Raum, der bekannt aussah. In jedem Bett entlang der Wände lag eine schlafende Hülle, aber die, nach der ich suchte — die eine, von der ich überzeugt war, daß sie mir gehörte — die war in einem kleinen Einzelzimmer neben der Tür, dessen war ich sicher. Ungeduldig schaute ich in alle drei hinein, aber die ersten beiden waren leer, und in der letzten lag ein Mann in einer Streckvorrichtung, beide Beine in Gips.

Ich kehrte zum Korridor zurück und blickte hinauf und hinunter, unentschieden. Wo war dieser kleine Raum? In welchem Flügel dieses gewaltigen Krankenhauses war er denn überhaupt?

Ich zerbrach mir den Kopf und versuchte, mich an irgend etwas zu erinnern — an irgend etwas, was mir helfen würde, einen Anhaltspunkt zu finden, aber es war unmöglich. Ich mußte bewußtlos gewesen sein, als sie mich vom Röntgenraum zurückgebracht hatten, und als ich aufwachte, war ich so besessen gewesen von dem Gedanken, nach Virginia zu gehen, daß ich davonlief, ohne überhaupt zurückgeblickt zu haben. Fest stand jedenfalls, daß sich irgendwo in den über 200 Baracken ein kleiner Raum befand, der ungeheuer wichtig für mich war — und er konnte in irgendeiner von diesen Baracken sein.

Und so fing die ungewöhnlichste Suche an, die jemals stattgefunden haben muß: die Suche nach mir selbst. Ich eilte in diesem enormen Komplex von einer Station zur anderen, hielt in jedem kleinen Raum an, bückte mich über jeden, der in den Betten lag, und eilte weiter. Es gab Hunderte und Hunderte und Aberhunderte von diesen engen Einbettschlafkammern, eine gleich der anderen, und die Stationen sahen sich so ähnlich, daß ich bald ganz verwirrt war, in welcher ich wohl schon gewesen war, oder ob ich ganz einfach immer dieselben Schritte unternahm, wieder und wieder.

Und langsam registrierte ich eine weitere alarmierende Wahrheit.

Ich hatte mich ja niemals selbst gesehen.

Nicht wirklich. Nicht in der Weise, wie ich andere Leute sah. Von meiner Brust abwärts hatte ich mich natürlich „rundherum" sehen können, aber von den Schultern aufwärts, so mußte ich jetzt feststellen, hatte ich nur das zweidimensionale Spiegelbild gesehen, das mir von einem Stückchem Glas entgegen starrte. Und gelegentlich ein Schnappschuß, ebenfalls zweidimensional. Das war's. Die abgerundete, lebendige, raumfüllende Gegenwart meiner selbst kannte ich überhaupt nicht.

Und das, so entdeckte ich jetzt, ist die Art, einander zu erkennen. Nicht an der Gestalt oder der Farbe der Augen, sondern an der ganzen dreidimensionalen Erscheinung mit all ihren Einzelheiten, doch auf einmal.

Selbstverständlich kannte ich meine Größe und mein Gewicht. „Ein Meter fünfundachtzig und 80 Kilo", wiederholte ich fortwährend, als ob ich die Beschreibung eines Fremden auswendig lernen wollte. Aber was bedeutete das schon, wenn die Person im Bett lag? Hier waren Reihe für Reihe Soldaten, die alle ungefähr die Größe haben mußten. Alle waren, wie ich, in ihren späten Teenagerjahren oder Anfang der Zwanziger. Alle von ihnen steckten in Krankenhausschlafanzügen unter braunen Armeedecken, und jeder von ihnen hatte den Soldatenhaarschnitt.

Das einzige, wonach ich gehen konnte, war, daß die Hülle, nach der ich suchte, in einem von diesen drei kleinen Einzelzimmern am Eingang einer Station lag. Aber in diesen Räumen hatte ich bereits ein Dutzend Männer gesehen, die genauso aussahen, wie ich mir mich vorstellte, und ich hatte in diesem Irrgarten von Krankenhaus kaum mit der Suche begonnen. Wie würde ich feststellen können, daß ich mich gefunden hatte? Konnte ich womöglich schon an mir vorübergegangen sein, ohne daß ich es bemerkt hatte?

Ich ging weiter und weiter, hielt an, studierte die Gesichter und wandte mich ab. Die Einsamkeit, die ich bereits in der unbekannten Stadt empfunden hatte, wurde nun zu einer wachsenden Panik. Ich war von jedermann in dieser Welt abgeschnitten, von der Körperlichkeit dieser irdischen Welt selbst, und nun... sogar von meiner eigenen Identität.

Wenn die Person im Bett dick war oder blonde Haare hatte oder Sommersprossen, dann eilte ich schnell davon. Aber im gedämpften Schimmer der Nachtlampe war es nicht immer leicht, so viel zu erkennen. Es war hoffnungslos. Ich lehnte mich gegen eine Wand (ich war es inszwischen gewöhnt, daß Wände mich nicht hielten, doch diese Stellung war Angewohnheit), und ich forschte in meinem Gedächtnis nach einigen Besonderheiten, nach körperlichen Kennzeichen, die mich unter der Menge der schlafenden 20 Jahre alten Soldaten identifizieren würden. Ein Merkmal an meinem Gesicht oder an den Händen? Eine Warze vielleicht oder eine Narbe?

Der Phi Gamma Delta-Ring.

Natürlich! Das schwarze Onyxoval mit der goldenen Eule... Warum hatte ich nicht vorher daran gedacht! Ich mußte noch einmal von vorne beginnen, zurückgehen in jenen Raum, wo der Kerl in dem Bett so aussah, wie ich mich zu kennen glaubte. So fing ich noch einmal an, wo ich hergekommen war.

Das ist... ich meinte, das war der Weg. Alles war so verworren: gleiche Stationen, daran anschließend gleiche Korridore. Ich hastete durch die kleinen Einzelzimmer, warf nur einen kurzen Blick auf die linke Hand, wenn sie auf der Decke lag. Jedoch viel öfter lag sie versteckt unter dem Bett, und dann mußte ich warten, bis der Schlafende seine Stellung wechselte.

Einmal saß ich eine lange Zeit neben einem dunkelhaarigen jungen Mann, dessen Mund und Kinn mich in dem Dämmerlicht an meinen Vater erinnerte. Er stöhnte leicht und schlief auf der linken Seite, seine linke Hand unter dem Kissen, und je mehr ich ihn anstarrte, desto mehr war ich sicher, daß dies mein eigenes körperliches Ich war. Wieder und wieder griff ich nach dem Kissen und versuchte, es wegzuziehen. Meine Finger umschlossen lediglich die Luft. Schließlich stützte er sich auf einen Ellbogen und griff nach dem Wasserglas auf seinem Nachttisch. An seiner linken Hand war ein goldener Trauring.

Ich setzte meine Suche von Station zu Station fort. Einige der Soldaten, an denen ich vorbeikam, waren wach, starrten stumm an die Decke oder saßen auf der Kante ihres Bettes und rauchten eine Zigarette. Und es waren diese wachen Leute, die mein Alleinsein so entsetzlich machten. Es ist schon ein Unterschied, ob man unbeachtet in einen Raum kommt, wo jemand schläft, oder ob er einen direkt anguckt und trotzdem kein Zeichen von sich gibt, daß man existiert. In den Gängen gab ich es auf, zur Seite zu springen, wenn eine Schwester oder irgendein Diensthabender sich näherten. Ich wußte jetzt, daß wir nicht zusammenstoßen würden — würden einander noch nicht einmal berühren — aber irgendwie war der Gedanke, daß jemand genau da geht, wo ich stehe, zuviel, als daß ich so einfach damit fertig werden konnte.

Schließlich kam ich bei meinem Umherirren in die Röntgenabteilung. Der weißgekleidete Techniker, dem ich vorher begegnet war, saß an seinem Schreibtisch und studierte einige Papiere. Hier war das letzte menschliche Wesen, das mit mir gesprochen hatte.

„Sehen Sie mich an!" schrie ich ihn an. „Ich stehe direkt vor Ihnen!"

Er nahm seinen Kugelschreiber und notierte irgend etwas auf einem Papier. Waren nur wenige Stunden vergangen, seitdem sie mich auf der Trage in diesen Raum gebracht hatten? Sicher waren es bereits Wochen. Jahre. Oder ... waren es vielleicht nur Minuten? Irgend etwas war auch merkwürdig im Blick auf die Zeit, in einer Welt, wo die Regeln über Raum und Geschwindigkeit und körperliche Substanzen anders waren. Ich hatte vollkommen das Empfinden dafür verloren, ob eine Erfahrung einen Bruchteil einer Sekunde ausmachte, oder ob sie gar Stunden dauerte.

Ich fühlte ein Widerstreben, die einzige Person zu verlassen, die ich wiedererkannt hatte. Aber schließlich, nach wieviel Zeit konnte ich nicht sagen, wanderte ich weiter. Mehr Korridore, mehr Stationen: zwölf Betten entlang der rechten Wand, zwölf Betten entlang der linken Wand, drei Büros am Ende nahe der Tür, drei Räume genau gegenüber. Schlafende Männer, hellwache Männer, gelangweilte Männer, ängstliche Männer. Aber niemals der Ring mit der Eule.

In einem der kleinen Schlafräume weinte ein junger Mann. Vielleicht Heimweh. Viele von uns weinten, wenn sie dachten, daß niemand uns beobachten würde, besonders jetzt um die Weihnachtszeit. In der nächsten Schlafkammer — keiner. Das Bett war abgezogen. In der letzten —

Ich zuckte zurück, erschrak. Da war jemand im Bett, aber das Laken war ihm ganz über den Kopf gezogen worden, nur die Arme lagen außerhalb der Decke. Merkwürdig steif und gerade sahen diese Arme aus, unnatürlich, die Handflächen nach unten gekehrt...

Am dritten Finger der linken Hand war eine kleine goldene Eule auf einem Oval eines schwarzen Onyx.

V

Langsam kroch ich vorwärts, die Augen auf die Hand gerichtet. Ich empfand irgend etwas Schreckliches daran. Sogar im gedämpften Nachtlicht konnte ich es sehen, sie war zu weiß, zu glatt. Wo hatte ich solch eine Hand schon einmal gesehen? Dann erinnerte ich mich: Papa Dabney lag so in Moss Side im Sarg.

Ich schob mich zum Eingang zurück. Der Mann in diesem Bett war tot! Ich empfand dasselbe Widerstreben wie das letzte Mal, als ich in einem Raum einer toten Person gegenüberstand. Aber... wenn das mein Ring war, dann — dann war ich es, der von mir getrennte Teil, der da unter dem Bettlaken lag. Bedeutete das etwa, daß ich...

Es war das erste Mal während dieses ganzen Erlebnisses, daß das Wort „Tod" in Verbindung mit dem erschien, was geschehen war.

Aber ich war doch nicht tot! Wie konnte ich tot sein und gleichzeitig hellwach? Ich dachte. Machte Erfahrungen. Der Tod war etwas anderes. Tod war... ich wußte es einfach nicht. Verbleichen. Nichts. Ich war ich, hellwach, nur ohne Körper, mit dem ich mich sonst bewegte.

Wie wahnsinnig griff ich nach dem Bettuch und versuchte, es zurückzuziehen, versuchte, die Gestalt in dem Bett zu enthüllen. Doch all meine Anstrengungen bewirkten nicht einmal die geringste Luftbewegung in dem kleinen Raum.

Voller Verzweiflung sank ich letztlich vor dem Bett nieder. Oder besser gesagt, ich tat es im Geiste: in Wirklichkeit stand mein entkörpertes Sein damit nicht in Verbindung. Dort, gerade dort war meine eigene Gestalt und Substanz, jedoch so weit entfernt von mir, als ob wir verschiedene Planeten bewohnten. War das der Tod? Die Trennung eines Teiles der Persönlichkeit von dem Rest?

Ich war mir nicht sicher. Das Licht in dem Raum begann, sich zu verändern; plötzlich bemerkte ich, daß es heller wurde, viel heller, als es vorher gewesen war. Ich drehte mich nach der Nachtlampe um, die auf dem Nachttisch stand. Mit Sicherheit konnte eine einzelne 15-Watt-Birne nicht soviel Licht ausstrahlen.

Ich war voller Erstaunen, wie die Helligkeit zunahm. Sie kam von nirgendwoher und schien überall gleichzeitig zu sein. Alle Glühbirnen dieser Station konnten nicht soviel Licht ausstrahlen. Alle Birnen in der Welt konnten es nicht! Es war unmöglich hell: es war wie das Licht von einer Million Schweißbrennern, die auf einmal arbeiteten. Und mitten in mein Erstaunen kam ein prosaischer Gedanke, der wahrscheinlich durch frühere Biologielektionen an der Universität geboren wurde. „Was bin ich froh, daß ich jetzt, in diesem Augenblick, keine physiologischen Augen habe", dachte ich. „Dieses Licht würde die Netzhaut in dem Zehntel einer Sekunde zerstören."

Nein, korrigierte ich mich selbst, nicht das Licht.

Er!

Er würde zu hell sein, um ihn anschauen zu können. Denn jetzt sah ich, daß es nicht ein Licht war, sondern ein Mann, der den Raum betreten hatte, oder vielmehr ein Mann aus Licht, obwohl dies genauso wenig möglich war für meinen Verstand wie die unbeschreibliche Intensität der Helligkeit, die seine Gestalt ausmachte.

In dem Moment, als ich ihn wahrnahm, bildete sich in meinem Sinn ein Befehl wie von selbst. „Steh auf!" Die Worte kamen aus meinem Inneren, dennoch hatten sie eine Autorität, wie sie meine Gedanken nie hatten. Ich sprang auf meine Füße, und als ich das tat, bekam ich die erstaunliche Gewißheit: „Du bist in der Gegenwart des Sohnes Gottes."

Und wieder entstand eine Vorstellung in mir wie von selbst, aber nicht als Gedanke oder Spekulation. Es war eine Art Wissen, plötzlich und vollständig. Ich wußte über ihn auch andere Fakten. Das eine zum Beispiel, daß er das vollkommenste menschliche Wesen war, dem ich je begegnet war. Wenn dies der Sohn Gottes war, dann war sein Name Jesus. Aber ... dies war nicht der Jesus aus meinen Sonntagsschulbüchern. Jener Jesus war nett, freundlich, verständnisvoll. Diese Person war selbst Kraft, älter als die Zeit und dennoch moderner als irgend jemand, dem ich jemals begegnet war.

Über allem wußte ich mit derselben wunderbaren inneren Gewißheit, daß dieser Mann mich liebte. Weit größer als die Kraft, die von seiner Gegenwart ausströmte, war die bedingungslose Liebe. Eine erstaunliche Liebe. Eine Liebe jenseits meiner kühnsten Vorstellungen. Diese Liebe kannte jede meiner lieblosen Regungen — die Quälereien mit meiner Stiefmutter, mein explosives Temperament, die sexuellen Gedanken, die ich nicht unter Kontrolle bekam, jeden gemeinen, egoistischen Gedanken und dessen Ausführungen seit dem Tage meiner Geburt — und er nahm mich an und liebte mich so, wie ich war.

Wenn ich sage, er wußte alles über mich, dann war das ganz einfach eine sichtbare Tatsache. Denn gleichzeitig mit seiner strahlenden Gegenwart — wenn ich davon erzähle, muß ich beides getrennt beschreiben — war in diesen Raum jede einzelne Episode meines Lebens eingetreten. Alles, was um mich herum geschehen war, war einfach da, in voller Sicht, gleichzeitig und fließend, so, als ob in einem Moment alles zu gleicher Zeit stattfinden konnte.

Wie dies möglich war, wußte ich nicht. Nie zuvor hatte ich in solch einem Lebensraum, in dem ich nun zu sein schien, Erfahrungen gesammelt. Das kleine Einbettzimmer war immer noch sichtbar, aber es engte uns nicht länger ein. Dagegen war an allen Seiten um uns herum etwas, was ich nur mit einer Art Wandgemälde bezeichnen könnte — nur, daß die Gestalten dreidimensional waren, sich bewegten und sprachen.

Und viele dieser Gestalten waren anscheinend ich selbst. Wie gebannt starrte ich mich an, wie ich vor der Wandtafel in der dritten Klasse stand. Wie ich mein Adlerabzeichen vor meiner Pfadfindergruppe erhielt. Wie ich Papa Dabney auf die Veranda in Moss Side schob. Ich sah mich als ein winziges Dreieinhalb-Pfund-Baby, das im Brutkasten nach Luft schnappte. Gleichzeitig (es schien kein früher und später zu geben) sah ich, wie ich durch Kaiserschnitt aus der Gebärmutter der kranken und sterbenden jungen Frau, die ich niemals zu Augen bekommen hatte, befreit wurde.

Ich sah mich wenige Monate älter, wie ich auf dem Schoß einer freundlichen Frau mit einer Silberrandbrille und einer krummen Nase saß. Das drei Jahre alte Mädchen, das auf dem Boden neben uns spielte, mußte Mary Jane sein, obwohl ich mich natürlich nicht an sie in diesem Alter erinnern konnte. Aber Miss Williams sah genauso aus, wie ich sie kannte. Sie erschien in vielen der Szenen; mit einem Ausdruck lang vergessener Sehnsucht sah ich, wie sehr ich sie liebte.

Seite an Seite mit diesen Szenen sah ich, wie Vater eine schlanke, schwächliche Brünette nach Moss Side brachte; die Frau, die er heiraten wollte. Ich sah Mary Jane und mich beim Umzug in das Haus 4306 an der Brook Road, sah mich selbst ängstlich am Eßzimmerfenster stehen, voller Sehnsucht, hinauszugehen, aber auch voller Angst vor dem Jungen, der neben uns wohnte.

Neben den schönen Szenen gab es auch schreckliche. Ich beobachtete mich, wie ich von dem Jungen verprügelt wurde, beobachtete meine Demütigung, als meine Schwester aus dem Haus eilte, um den Kampf für mich zu führen. Ich sah mich in Tränen, als Vater sich für eine Woche, zwei Wochen, einen Monat verabschiedete, seine Arbeit nahm ihn für immer von uns.

Viel Not entstand ursprünglich in mir selbst. Ich sah mich, wie ich mich von der Stiefmutter abwandte, wenn sie sich über mich beugte, um mir den Gute-Nacht-Kuß zu geben, sah sogar den Gedanken selbst: „Ich werde diese Frau nicht liebhaben. Meine Mutter starb. Miss Williams ging weg. Wenn ich sie liebe, wird sie mich auch verlassen." Ich beobachtete mich im Alter von zehn Jahren, wie ich an demselben Eßzimmerfenster stand, als der Vater ins Krankenhaus ging, um Mutter und unseren neuen Bruder Henry nach Hause zu holen. Ich sah mich, wie ich, bevor ich ihn sah, entschied, daß ich diesen Neuling nicht gern haben würde.

Es gab andere Szenen, Hunderte, Tausende, alle beleuchtet von dem brennenden Licht, in einem Zustand, in dem die Zeit anscheinend stillstand. Es hätte in normaler Zeit Wochen gebraucht, um nur einen flüchtigen Blick auf die vielen Ereignisse zu werfen, und dennoch hatte ich nicht den Eindruck, daß überhaupt Minuten vergingen.

Ich beobachtete, wie wir umzogen; ich wurde in dem Jahr zwölf. Es war ein neues Haus im Westen von Richmond. Ich sah das neue Fahrrad, das Papa und Mama Dabney mir schenkten und sah mich tausendmal über die Eisenbahnbrücke fahren, um sie in Moss Side zu besuchen.

Ich sah mich an jenem Nachmittag zu der Westseite nach Hause kommen, als ich auf dem Fußweg die Splitter von Balsamholz fand. Es war alles, was von dem großen Modellflugzeug übriggeblieben war, das ich Streifen für Streifen zusammengeklebt hatte. Ich beobachtete mich im Zorn gegen den drei Jahre alten Henry, der diese Gewalttat zugab, und ich sah auch meine Verhärtung im Laufe der Zeit, als ich mich von der gesamten Familie mürrisch zurückzog.

Da waren die Episoden aus meinen Oberschuljahren — Verabredungen mit Mädchen, Chemieprüfungen, oder als ich die schnellste Meile unserer Schule lief. Ich sah meinen Schulabschluß, sah mich in die Universität von Richmond eintreten. Und die ganze Zeit sah ich eine Halsstarrigkeit gegenüber Mutter, meinem Bruder Henry und sogar der kleinen Bruce Gordon gegenüber. Ich sah, wie Vater in seiner Majorsuniform nach Hause kam, sah mich selbst zum Postamt gehen, um mich für den Wehrdienst eintragen zu lassen. Ich beobachtete die Musterung im Camp Lee, und wie ich und Hunderte von Rekruten den Zug nach Camp Barkeley bestiegen...

Jede Einzelheit eines zwanzigjährigen Lebens war zu sehen. Das Gute, das Schlechte, die Höhepunkte, das, was Zum-davon-Laufen war. Und mit dieser Allesinklusiv-Schau entstand eine Frage. Sie war in jeder Szene gegenwärtig, und, wie die Szenen selbst, schien sie von dem lebendigen Licht neben mir gesteuert zu sein.

Was hast du aus deinem Leben gemacht?

Es war offensichtlich nicht eine Frage der Art, daß er Auskunft wünschte, denn was ich aus meinem Leben gemacht hatte, war klar zu erkennen. In jedem Fall kam das totale Abrufen der Vergangenheit detailliert und perfekt von ihm, nicht von mir. Ich hätte mich nicht an ein Zehntel von dem erinnern können, was ich sah, bevor er es mir zeigte.

Was hast du aus deinem Leben gemacht?

Es schien eine Frage nach den Werten und nicht nach den Fakten zu sein: Was hast du mit der kostbaren Zeit, die dir zugeteilt worden war, gemacht? Und bei dieser alles durchleuchtenden Frage, die mir aus jenen gewöhnlichen Begebenheiten einer ziemlich typischen Jugendzeit entgegensprang, war mein Leben nicht bloß langweilig, sondern sogar bedeutungslos. Hatte ich denn nichts Bleibendes getan, nichts Wichtiges? Verzweifelt schaute ich nach etwas aus, das wertvoll erscheinen könnte in dem Licht dieser strahlenden Realität.

Nicht daß irgendwelche spektakulären Sünden vorgelegen hätten, vielmehr die sexuellen Aufhänger und Heimlichkeiten der meisten Teenager. Aber wenn auch keine schrecklichen Tiefen vorlagen, dann gab es auch keine Höhen. Nur ein endloses, kurzsichtiges, lärmendes Kümmern um mich selbst. War ich nie über meine augenblicklichen Interessen hinausgekommen? Hatte ich nie etwas getan, was andere Leute als wertvoll anerkennen würden? Schließlich erinnerte ich mich an etwas, an den stolzesten Augenblick meines Lebens:

„Ich bekam eine Pfadfinderauszeichnung als »Eagle Scout«!"

Und wieder schienen Worte von der Gegenwart neben mir auszugehen:

Das ehrte dich.

Es stimmte. Ich konnte mich selbst sehen, wie ich im Mittelpunkt des Auszeichnungskreises stand, errötet vor Stolz, die bewundernden

Augen meiner Familie und meiner Freunde auf mich gerichtet. Ich, ich, ich — immer im Mittelpunkt. Gab es dann keine Zeit in meinem Leben, in der ich den Platz für jemand anders geräumt hatte?

Ich sah mich selbst mit elf Jahren im Gottesdienst nach vorne gehen, um Jesus zu bitten, der Herr meines Lebens zu werden. Aber ich sah, wie schnell die erste Begeisterung sich in stumpfsinnige Routine verwandelte: in den Kirchensonntag. Viel schlimmer, ich sah die Selbstzufriedenheit und die Selbstachtung, mit der ich hinging. Ich war besser als die Kinder, die nicht zur Kirche kamen. Ich war sogar besser als viele von denen, die kamen: meine Anstecknadel über regelmäßigen Besuch bestätigte das.

Ich fing an, auf meine vormedizinischen Kurse hinzuweisen, wie ich Arzt werden wollte, um den Menschen zu helfen. Aber sichtbar neben den Klassenraumszenen war jener Cadillac und das private Flugzeug — die Gedanken ebenso sichtbar wie die Taten, offenbar vor dem alles durchdringenden Licht.

Und plötzlich baute sich ein Widerstand gegen die Frage selbst in mir auf. Es war unfair! Natürlich hatte ich nichts aus meinem Leben gemacht! Ich hatte keine Zeit gehabt. Wie kann man eine Person beurteilen, die noch nicht richtig mit dem Leben begonnen hat?

Wie auch immer, die Antwort enthielt keine Spur von Gericht. *Der Tod*, und das kam unendlich liebevoll, *kann in jedem Alter kommen.*

Natürlich. Ich wußte, daß Babys und Kleinkinder starben. Allerdings hatte ich immer gedacht, daß mir irgendwie eine volle Lebensspanne gehörte.

„Was ist denn mit dem Geld der Versicherung, das ich mit siebzig erhalten soll?" Die Worte waren heraus, in dieser befremdenden Wirklichkeit, in der die Unterhaltung durch Denken statt Sprechen stattfand, noch bevor ich sie zurückhalten konnte. Vor ein paar Monaten hatte ich die Standard-Lebensversicherung abgeschlossen, die im Armeedienst angeboten wurde. Hatte ich in meinem Unterbewußtsein etwa geglaubt, daß dieses Stück Papier das Leben selbst garantieren würde? Wenn ich schon vorher vermutete, daß in der Gegenwart neben mir Fröhlichkeit zu finden war, dann war ich jetzt dessen sicher: der Glanz schien zu vibrieren und zu flimmern in einer Art heiligem Gelächter — nicht über mich und meine Dummheit, nicht ein spottendes Lachen, sondern eine Fröhlichkeit, die zu sagen schien, daß trotz aller Fehler und Tragödien die Freude immer noch blieb.

Und unter dem Eindruck dieses Lachens erkannte ich, daß ich es war, der die Begebenheiten um uns herum so streng beurteilte. Ich war es, der sie als unwesentlich, egoistisch, bedeutungslos erkannte. Keine solcher Verurteilungen kam von der Herrlichkeit, die mich umgab. Er tadelte nicht, er warf mir nichts vor. Er ... liebte mich ganz einfach. Er erfüllte die ganze Welt mit ihm selbst, und dennoch, irgendwie näherte er sich mir persönlich. Er wartete auf meine Antwort auf die Frage, die immer noch in der Luft hing.

Was hast du aus deinem Leben gemacht? Was kannst du mir zeigen?

Ich verstand bereits, daß ich in meinen ersten wahnsinnigen Anstrengungen, mit einer eindrucksvollen Antwort aufwarten zu wollen, vollkommen falsch lag. Er fragte nicht nach Leistung und Orden.

Die Frage hatte, wie alles andere, was von ihm ausging, etwas mit Liebe zu tun. Wieviel hast du mit deinem Leben geliebt? Hast du andere geliebt, so wie ich dich liebe? Ganz? Bedingungslos?

Als ich die Frage mit diesem Verständnis hörte, erkannte ich, wie dumm es war, eine Antwort aus den Szenen um mich herum zu finden. Warum? Ich hatte Liebe nicht so gekannt, wie sie mir jetzt als Möglichkeit vorgestellt wurde. Jemand sollte mir davon erzählt haben, dachte ich entrüstet! Ein guter Augenblick, um zu entdecken, was ein Leben ausmacht — so als ob man zum Abschlußexamen kommt und entdecken muß, daß man in einem Fach geprüft wird, das man niemals studiert hat. Wenn dies die Mitte aller Dinge war, warum hatte mir das niemand erzählt?

Doch obwohl diese Gedanken aus meinem Selbstmitleid und meiner Selbstentschuldigung entstanden, enthielt der Antwortgedanke keine Rüge, sondern nur das versteckte, himmlische Lachen hinter den Worten:

Ich habe es dir gesagt.

Aber wie? Immer noch bemüht, mich selbst zu rechtfertigen: Wie konnte er es mir gesagt haben, und ich hatte nicht gehört?

Ich sagte es dir durch das Leben, das ich lebte. Ich sagte es dir durch den Tod, den ich starb. Und, wenn du mich im Auge behältst, wirst du noch mehr sehen ...

Mit einem Mal bemerkte ich, daß wir uns fortbewegten. Mir war nicht aufgefallen, daß wir das Lazarett verlassen hatten, aber jetzt war es nirgendwo zu sehen. Die lebendigen Einzelheiten meines Lebens, die sich um uns herum gedrängt hatten, waren ebenfalls verschwunden: dagegen schienen wir hoch über der Erde zu sein, bewegten uns in großer Geschwindigkeit auf ein entferntes Licht zu.

Es war nicht wie die Reise außerhalb meines Körpers, die ich vorher erlebt hatte. Zu der Zeit hatten mich meine eigenen Gedanken beherrscht. Da erschien es mir, als glitte ich über die Erdoberfläche. Jetzt waren wir höher, bewegten uns schneller, und indem ich ihn ansah, wie er Befehle austeilte, schien die Reise nicht länger befremdend oder gar beängstigend zu sein.

Der entfernte Punkt entwickelte sich zu einer großen Stadt, auf die wir hinabzufahren schienen. Es war immer noch Nacht, aber Rauch kam aus den Fabrikschornsteinen, und in vielen Gebäuden brannte das Licht in jeder Etage. Hinter dem Licht befand sich ein Ozean oder ein großer See; es hätte Boston, Detroit, Toronto sein können, ganz gewiß kein Ort, den ich jemals gesehen hatte, aber offensichtlich, so dachte ich, als wir nahe genug waren, um die überfüllten Straßen zu sehen, eine Stadt, wo die Kriegsindustrie rund um die Uhr lief.

In der Tat waren die Straßen unwahrscheinlich überfüllt. Genau unter uns gingen zwei Männer in die gleiche Richtung auf dem Fußweg, und einen Augenblick später waren sie ganz einfach einer durch den anderen hindurchgegangen. Es war das gleiche in den gewaltigen Fabriken und Bürogebäuden, die ich genauso leicht wie die Straßen erkennen konnte — zu viele Leute an Maschinen und Schreibtischen. In einem Raum saß ein grauhaariger Mann in seinem Schreibsessel und diktierte einen Brief in den rotierenden Zylinder. Hinter ihm stand, nicht zwei Zentimeter entfernt, ein anderer Mann, vielleicht zehn Jahre älter, und versuchte wiederholt, nach dem Mikrofon zu schnappen, als wollte er es der Hand des anderen Mannes entreißen.

„Nein!" schrie er, „wenn du 100 Gros bestellst, werden sie mehr berechnen. Nimm 1000 Gros auf einmal. Pierce hätte dir ein besseres Angebot gemacht. Warum hast du Bill den Job übergeben?" Er fuhr unaufhörlich fort, korrigierte, gab Aufträge, während der Mann auf dem Stuhl ihn anscheinend weder sah noch hörte.

Wiederholt beobachtete ich dieses Phänomen, Menschen, die sich nicht der Gegenwart anderer direkt neben ihnen bewußt waren. Ich sah eine Gruppe von Fließbandarbeitern, die sich in der Kantine versammelt hatten. Eine der Frauen bat eine andere um eine Zigarette, sie bettelte regelrecht, so, als wünschte sie sich diese mehr als alles andere auf der Welt. Aber die andere, die mit ihren Freundinnen sprach, beachtete sie gar nicht. Sie nahm eine Packung Zigaretten aus ihrer Arbeitskleidung, und ohne sie der Frau überhaupt anzubieten, die so begierig danach griff, nahm sie eine und zündete sie an. Zielbewußt, wie eine vorwärtsschnellende Schlange, griff die Frau, die nicht beachtet worden war, nach der angezündeten Zigarette in dem Mund der anderen. Wieder griff sie zu. Und wieder...

Mit einem kleinen Schauder der Erinnerung sah ich, daß sie unfähig war, danach zu greifen.

Ich dachte an das Befestigungskabel am Telefonmast, das Laken im Lazarettbett. Ich erinnerte mich, wie ich den Mann anschrie, der sich nicht nach mir umdrehte. Und dann erinnerte ich mich an die Leute hier in dieser Stadt, die vergeblich versuchten, die Aufmerksamkeit auf sich zu ziehen, die auf dem Fußweg gingen, ohne Raum einzunehmen. Ganz gewiß waren diese Einzelpersonen in derselben körperlosen Verfassung, wie ich es war.

Wie ich, in der Tat, sie waren tot.

Aber — es war so sehr anders als das, was ich mir immer unter dem Tod vorgestellt hatte. Ich beobachtete eine Frau von ungefähr 50 Jahren, die einem Mann im selben Alter auf der Straße folgte. Sie schien durchaus lebendig, erregt und voller Tränen, nur daß der Mann, an den sie ihre nachdrücklichen Worte richtete, ihre Existenz vergessen hatte.

„Du bekommst nicht genug Schlaf. Marjorie kommandiert dich zu viel. Du weißt, du warst niemals stark. Warum trägst du denn keinen Schal? Du hättest niemals eine Frau heiraten sollen, die nur an sich selbst denkt." Sie sagte noch mehr, viel mehr, und aus einigen Worten, die ich aufschnappte, entnahm ich, daß es seine Mutter war, obwohl sie nahezu im gleichen Alter zu sein schien. Wie lange war sie ihm auf diesem Weg gefolgt? War es das, was den Tod ausmachte — ständig unsichtbar zu sein für die Lebenden und doch ständig verwickelt in ihre Affären?

„Ihr sollt euch nicht Schätze sammeln auf Erden! Denn wo euer Schatz ist, da ist auch euer Herz!" Ich war niemals sehr gut gewesen im Auswendiglernen von Bibelstellen, aber diese Worte Jesu aus der Bergpredigt durchzuckten mein Gedächtnis wie ein elektrischer Schlag. Womöglich hatten diese körperlosen Menschen — der Geschäftsmann, die Frau, die um Zigaretten bettelte, diese Mutter —, obwohl sie mit der Erde nicht länger Kontakt halten konnten, ihre Herzen noch dort. Hatte ich das auch? Zitternd dachte ich an meine Pfadfinderauszeichnung. An Phi Gam. An die medizinische Ausbildung. War mein Herz, der Brennpunkt meines Seins, auf Dinge wie diese ausgerichtet?

Richte deine Augen auf mich, so hatte es mir Jesus gesagt, bevor wir unsere außergewöhnliche Reise begannen. Und wenn ich es tat, verschwand die Angst. Wenn ich auf ihn blickte, obwohl die schreckliche Frage offenblieb. Ohne ihn und seine Gegenwart hätte ich in der Tat all das nicht verkraftet, was er mir zeigte. So schnell wie ein Gedanke reisten wir von Stadt zu Stadt, wahrscheinlich auf bekannter Erde, wenigstens auf einem Teil Erde — den Vereinigten Staaten und möglicherweise Kanada —, der mir bekannt war, ausgenommen diese Tausende von körperlosen Wesen, von denen ich nun wahrnahm, daß sie auch diesen „normalen" Raum einnahmen. In einem Haus folgte ein junger Mann einem älteren von einem Raum in den anderen. „Es tut mir leid, Pa!" sagte er immer wieder. „Ich wußte nicht, daß es Mama so treffen würde! Ich habe es nicht besser verstanden."

Aber obwohl ich ihn ganz klar hören konnte, war es offensichtlich, daß der Mann, zu dem er sprach, ihn nicht verstand. Der alte Mann trug ein Tablett in einen Raum, in dem eine ältere Frau im Bett saß. „Es tut mir leid, Pa", sagte der junge Mann wieder. „Es tut mir leid, Mama." Ohne Ende, immer wieder, in Ohren, die ihn nicht hören konnten.

Verständnislos wandte ich mich an den Glanz neben mir. Aber obwohl ich es fühlte, wie sein Erbarmen gleich einem Strom in den Raum vor uns floß, erleuchtete meine Sinne kein Verstehen.

Verschiedene Male hielten wir vor ähnlichen Szenen an. Ein Junge verfolgte ein Teenage-Mädchen durch die Gänge der Schule. „Es tut mir leid, Nancy!" Eine Frau in mittleren Jahren bat einen grauhaarigen Mann, ihr zu vergeben. „Was tut ihnen so leid, Jesus?" bat ich. „Warum hören sie nicht auf, mit Menschen zu reden, die sie nicht verstehen können?"

Von dem Licht neben mir kam der Gedanke: *Sie sind Selbstmörder, gebunden an die Folgen ihres Handelns.*

Dieser Gedanke schockierte mich, obwohl ich wußte, daß er von ihm und nicht von mir kam, denn ich sah keine Szenen dieser Art mehr, so, als ob ich die Wahrheit gelernt hatte, die er mich hatte lehren wollen.

Allmählich bemerkte ich etwas anderes. Alle lebendigen Menschen, die wir beobachteten, waren von einem mattleuchtenden Glanz umgeben, fast wie mit einem elektrischen Feld an der Oberfläche ihrer Körper. Dieses Leuchten bewegte sich, wenn sie sich bewegten, wie eine zweite Haut, wie ein blasses, kaum sichtbares Licht.

Zuerst dachte ich, es wäre der widerspiegelnde Glanz von der Person an meiner Seite. Aber die Gebäude, die wir betraten, reflektierten nicht, auch nicht die leblosen Gegenstände. Und dann entdeckte ich, daß die körperlosen Wesen es auch nicht taten. Mein eigener substanzloser Körper war, wie ich jetzt erkannte, auch ohne diese glänzende Hülle.

An dieser Stelle führte mich das Licht in das Innere einer schmierigen Bar in der Nähe von einem, so wie es aussah, großen Marinestützpunkt. Eine Menge Leute, viele von ihnen Matrosen, standen zu dritt an der Bar, während sich andere in die mit Holz getäfelten Sitzgruppen an der Wand zwängten. Obwohl einige Bier tranken, schienen die meisten von ihnen so viel Whisky hinunterzukippen wie zwei schwitzende Barkeeper nur eingießen konnten.

Danach beobachtete ich etwas Sonderbares. Eine Anzahl der Männer, die an der Bar standen, schienen unfähig zu sein, die Gläser an ihre Lippen zu setzen. Immer wieder beobachtete ich es, wie sie nach ihren Gläsern griffen, wie sie mit ihren Händen durch massive Becher hindurchgriffen, hindurch durch die schwere hölzerne Theke, hindurch durch die Arme und Körper der Trinker um sie herum.

Und diese Männer, so war es bei jedem zu beobachten, hatten nicht die Lichthülle, mit der die anderen umgeben waren.

Demnach mußte der Lichtkokon nur zu den lebenden Körpern gehören. Die Toten, wir, die wir unsere feste Materie verloren hatten, hatten damit diese „zweite Haut" ebenfalls verloren. Und es war offensichtlich, daß nur diese lebenden Menschen, die von einem Licht umgeben waren, in Wirklichkeit tranken, redeten, durstig miteinander anstießen.

Sie sahen weder die verzweifelt durstigen körperlosen Wesen um sie herum, noch fühlten sie ihr wahnsinniges Stoßen, um an eines jener Gläser heranzukommen. (Trotzdem war mir beim Beobachten klar, daß die körperlosen Wesen sich sehen und gleichzeitig hören konnten. Immer wieder entstanden wütende Streitereien wegen der Gläser, die niemand von ihnen tatsächlich an die Lippen brachte.)

Ich meinte, ich hätte schon schwere Trinkgelage bei den Partys der Verbindungen von Studenten in Richmond erlebt, aber was ich hier von Zivilisten und Angehörigen der Armee an der Bar erlebte, stellte alles Bisherige in den Schatten. Ich sah, wie ein junger Matrose schwankend vom Barhocker aufstand, zwei oder drei Schritte ging und dann schwer zu Boden stürzte. Zwei von seinen Kumpeln griffen ihn und zogen ihn von der Stelle weg.

Aber das war es nicht, was ich mir ansah. Ich starrte mit Verwunderung auf den hellen Kokon um den bewußtlosen Matrosen, der sich einfach öffnete. Er teilte sich über seinem Kopf und fing an, sich vom Kopf und seinen Schultern abzuschälen. Gleichzeitig, schneller, als ich jemals jemanden in Bewegung sah, war eines der körperlosen Wesen über ihm, das in seiner Nähe an der Bar gestanden hatte. Wie ein durstiger Schatten hatte es an der Seite des Matrosen gelungert und gierig jeden Schluck verfolgt, den der junge Mann nahm. Jetzt schien es auf ihn zu springen, wie ein wildes Tier auf die Beute.

Im nächsten Augenblick war zu meiner großen Verwunderung die springende Figur verschwunden. Das alles passierte noch, bevor die zwei Männer ihre bewußtlose Ladung unter den Füßen derer weggezogen, die an der Bar saßen. Ich hatte ganz bestimmt eine kurze Zeit zwei Einzelpersonen gesehen; als sie den Matrosen an die Wand lehnten, war es nur noch eine.

Noch zweimal, während ich verblüfft hinstarrte, wiederholte sich dieselbe Szene. Ein Mann wurde bewußtlos, blitzschnell riß die Hülle um ihn herum, eines der körperlosen Wesen verschwand, indem es sich in die Öffnung stürzte, so, als wäre es in das andere Wesen hineingekrochen.

War denn die Lichthülle so etwas wie ein Schild? War sie Schutz gegen... gegen körperlose Wesen wie mich? Es war anzunehmen, daß diese unwirklichen Kreaturen einst feste Körper hatten, wie ich selbst einen gehabt hatte. Angenommen, daß zu der Zeit, als sie noch in ihrem Körper waren, sich eine Abhängigkeit vom Alkohol entwickelt hatte, die über das Physische hinausging bis zum Psychischen, ja sogar Geistigen. Als sie dann ihren Körper verloren, waren sie für alle Ewigkeit von dem abgeschnitten, nach dem sie sich ständig gesehnt hatten, es sei denn, sie wären noch kurze Zeit in einem anderen Leib gewesen.

Eine Ewigkeit wie diese — der Gedanke durchzuckte mich wie ein kalter Schauer — mußte in Wahrheit eine Art Hölle sein. Wenn ich überhaupt darüber nachgedacht hatte, dann stellte ich mir die Hölle immer wie einen feurigen Ort unten in der Erde vor, wo böse Menschen wie Hitler für immer brennen würden. Aber wie, wenn eine Ebene der Hölle direkt hier an der Oberfläche existierte — ungesehen und unvermutet von den Lebenden, die den gleichen Raum einnahmen? Wie, wenn es bedeutete, auf der Erde zu bleiben, aber nie wieder in der Lage zu sein, Kontakt mit ihr aufzunehmen? Ich dachte an jene Mutter, deren Sohn sie nicht hören konnte. Die Frau, die die Zigarette wünschte. Ich dachte an mich selbst, von dem Wunsch beflügelt, nach Richmond zu kommen, und nicht in der Lage, gesehen zu werden oder Hilfe zu bekommen. Voller Wünsche, brennend vor Verlangen, und trotzdem kraftlos — das wäre in der Tat die Hölle.

Nicht „wäre", erkannte ich mit einem Mal. Es war. Dies *war* die Hölle: und ich selbst war so sehr ein Teil davon, wie diese anderen körperlosen Kreaturen. Ich war gestorben. Ich hatte meinen irdischen Körper verloren. Jetzt existierte ich in einem Bereich, in dem ich keinerlei Beachtung finden würde.

Aber wenn das hier die Hölle war, wenn es hier keine Hoffnung gab, warum war er dann neben mir? Warum schlug mein Herz voller Freude, so oft ich mich ihm zuwandte? Weil er in überwältigender Weise der hauptsächliche Eindruck dieser Reise war. Alle Bilder und Schocks, die mich überfielen, waren nichts im Vergleich zu der Hauptsache, die sich ereignete. Und das war, ganz einfach, daß ich mich in die Person neben mir verliebt hatte. In welche Richtung ich auch schaute, er blieb der wirkliche Brennpunkt meiner Aufmerksamkeit. Was ich auch sonst noch sah, nichts war ihm vergleichbar.

Und noch etwas verblüffte mich. Wenn ich ihn sehen konnte, warum konnten alle anderen ihn nicht sehen? Er war zu hell, als daß lebendige Augen ihn hätten ansehen können — das hatte ich sofort erkannt. Aber mit Sicherheit mußten doch die lebendigen Leute, denen wir begegneten, irgendwie den Strom der Liebe spüren, der ihnen wie die Hitze eines gewaltigen Feuers entgegenkam!

Und die anderen, die so wie ich nicht länger die normalen Augen hatten, die zerstört werden konnten, sie mußten doch die brennende Liebe und das Mitleid in ihrer Mitte fühlen? Wie konnten sie jemanden übersehen, der ihnen näher und strahlender begegnete als die Mittagssonne?

Es sei denn...

Es geschah zum erstenmal, daß ich darüber nachdachte, ob irgend etwas viel Wichtigeres, als ich bisher glaubte, an dem Tage passiert sein könnte, als ich mit elf Jahren nach vorn zum Altar der Kirche ging. War es möglich, daß ich wirklich, tatsächlich „wiedergeboren" war, so wie der Prediger sagte — mit dem Geschenk neuer Augen, ob ich etwas davon verstand oder nicht?

Oder hätten die anderen ihn auch sehen können, wenn ihre Aufmerksamkeit nicht auf die irdischen Dinge gerichtet gewesen wären, die sie verloren hatten? „Wo euer Herz ist..." Solange mein Herz darauf ausgerichtet war, an einem bestimmten Tag nach Richmond zu kommen, war ich auch nicht in der Lage gewesen, Jesus zu sehen. Vielleicht konnten wir ihn dadurch aus unserem Gesichtskreis verbannen, wenn der Mittelpunkt unserer Aufmerksamkeit auf etwas anderes gerichtet war.

Wir waren wieder in Bewegung. Wir hatten den Marinestützpunkt mit seiner Umgebung von schäbigen Straßen und Bars verlassen und standen jetzt am Rande einer weiten, flachen Ebene, in einer Dimension, wo das Reisen keinerlei Zeit in Anspruch zu nehmen scheint. Auf unserer Reise hatten wir bisher Orte besucht, wo die Lebenden und die Toten Seite an Seite existierten: wo in der Tat körperlose Gestalten, völlig unbeachtet von den Lebenden, direkt über den irdischen Menschen und Dingen schwebten, auf die ihr Verlangen ausgerichtet war.

Wie auch immer, obwohl wir offensichtlich immer noch irgendwo auf der Erdoberfläche waren, konnte ich jetzt keinen lebenden Mann oder eine lebende Frau entdecken. Die Ebene wimmelte, ja sie war gedrängt voll von Horden körperloser Wesen; nirgends war eine irdische, lichtumgebene Person zu sehen. All diese Tausende von Menschen waren anscheinend nicht mehr körperlich, wie ich selbst. Und sie waren die enttäuschtesten, ärgerlichsten, rundum miserabelsten Wesen, die ich jemals gesehen hatte.

„Herr Jesus!" schrie ich. „Wo sind wir?"

Zuerst dachte ich, wir schauen auf einen großen Kriegsschauplatz: überall waren die Menschen dazu verdammt, einen Kampf miteinander zu führen, sie krümmten sich, schlugen sich, kämpften wie wild. Es konnte nicht ein Krieg unserer Tage sein, denn es gab weder Panzer noch Gewehre. Keine Waffen irgendwelcher Art sah ich, als ich näher hinschaute, nur nackte Hände und Füße und Zähne. Und dann beobachtete ich, wie anscheinend niemand verwundet wurde. Es floß kein Blut, auf dem Boden lagen keine Körper; der Schlag, der einen Gegner erledigen sollte, ließ ihn in der Verfassung, in der er vorher gewesen war.

Obwohl sie buchstäblich übereinander zu liegen schienen, war es doch so, als ob jedermann in die Luft schlug; schließlich erkannte ich natürlich, daß sie sich nicht wirklich berühren konnten, weil sie ja keine Körper waren. Sie konnten nicht töten, obwohl sie den eindeutigen Wunsch dazu hatten, ihre Opfer waren bereits tot. Und so stürmten sie aufeinander im Wahnsinn machtloser Raserei.

Wenn ich bereits vorher angenommen hatte, daß ich die Hölle erlebte, dann war ich jetzt dessen sicher. Bis zu diesem Augenblick hatte ich die ganze Misere beobachtet, die darin bestand, an die irdische Welt gebunden zu sein, an der wir nicht mehr teilhatten. Jetzt sah ich, daß es noch andere Arten von Ketten gab. Hier gab es keine Dinge oder Menschen aus festen Substanzen, die die Seele fesseln konnten. Diese Kreaturen schienen an Gewohnheiten der Sinne und Gefühle, an Haß, Lust und zerstörerische Gedanken und Vorstellungen gebunden zu sein.

Noch scheußlicher als die Bisse und Tritte, die sie einander verpaßten, waren die sexuellen Mißhandlungen, die viele von ihnen in fieberhafter Pantomime zur Schau trugen. Perversionen, von denen ich niemals geträumt hatte, wurden vergeblich um uns herum versucht. Es war unmöglich, zu sagen, ob das enttäuschte Geheul, das uns erreichte, wirkliche Töne waren oder nur eine Übertragung der verzweifelten Gedanken. In dieser körperlosen Welt schien es egal zu sein. Was jemand dachte, ob flüchtig oder unwillig, war sofort um ihn herum für alle sichtbar, vollständiger, als Worte es hätten ausdrücken können, schneller als der Schall.

Und die Gedanken, die am meisten ausgetauscht wurden, hatten etwas mit der überlegenen Kenntnis, der Fähigkeit oder der Vergangenheit des Denkenden zu tun. „Ich habe es dir doch gesagt!" — „Ich hab's immer gewußt!" — „Habe ich dich nicht gewarnt!" Ein Kreischen, das sich im Echo überschlug. Mit einem Gefühl echter Vertrautheit erkannte ich hier mein eigenes Denken. Dies war ich, meine eigene Stimme — der Gerechte, der Preisträger, der Kirchgänger. Im Alter von 20 Jahren hatte ich noch nicht eine wirklich bindende körperliche Gewohnheit entwickelt, nicht wie jene Wesen, die ich gesehen hatte, wie sie verzweifelt versuchten, näher an die Bar zu kommen. Aber in diesem Gekläff von Neid und verwundender Wichtigtuerei hörte ich mich selbst nur zu gut.

Trotzdem, auch dieses Mal kam kein Verdammungsurteil von der Gegenwart neben mir, nur ein Mitleid mit diesen unglücklichen Kreaturen, die ihm das Herz brachen. Mit Sicherheit war es nicht sein Wille, daß irgend jemand von ihnen an diesem Ort war.

Was denn sonst — was hielt sie denn hier? Warum stand da nicht einfach jeder auf und ging? Ich konnte keinen Grund erkennen, warum diese Person, die von dem Mann mit dem verzerrten Gesicht geschlagen wurde, nicht einfach wegging. Oder warum die junge Frau nicht tausend Meilen zwischen sich selbst und der anderen auf

Abstand ging, die mit ihren unwirklichen Fäusten wie verrückt auf sie einschlug. In Wirklichkeit konnten diese wie wahnsinnig wütenden Menschen ihre Opfer nicht halten. Es gab keine Zäune. Anscheinend hielt sie doch nichts davon ab, einfach allein wegzugehen.

Es sei denn... es sei denn, es gab kein „Allein" in diesem Bereich der körperlosen Wesen. Keine privaten Ecken in einem Universum, in dem es keine Wände gab. Keinen Ort, der nicht besetzt war von anderen Wesen, denen gegenüber man zu allen Zeiten total ausgeliefert war. Wie würde es sein, dachte ich in plötzlicher Panik, wenn ich ewig dort leben müßte, wo meine privatesten Gedanken durchaus nicht mehr privat waren? Ohne sie verhehlen zu können, ohne sie verbergen zu können, keine Möglichkeit zu heucheln, wer ich war, sondern das zu sein, was ich wirklich war. Wie untragbar. Es sei denn, daß jedermann um mich herum die gleichen Gedanken hätte... Es sei denn, es wäre eine Art von Trost, wenn man andere genauso ekelhaft empfand, wie man selbst war, wenn uns auch nichts anderes übrigblieb, als unser Gift aneinander zu verspritzen.

Vielleicht war das die Erklärung für diese scheußliche Ebene. Vielleicht hatte sich ja die Kreatur hier im Abschnitt von Äonen oder auch von Sekunden die Gesellschaft derer ausgesucht, die genauso stolz und haßerfüllt waren, wie sie selbst, bevor sie miteinander die Gesellschaft der Verdammten bildeten.

Vielleicht war es nicht Jesus, der sie verlassen hatte, sondern vielleicht waren sie es, die aus dem Licht geflohen waren, das ihnen ihre Dunkelheit zeigte. Oder... waren sie wirklich so allein, wie es zuerst den Anschein hatte? Allmählich wurde ich gewahr, daß da noch etwas anderes auf der weiten Ebene der miteinander ringenden Wesen zu finden war. Ich hatte es fast von Anfang an verspürt, aber ich konnte es über eine längere Zeit nicht ausmachen. Als ich dazu in der Lage war, traf es mich wie ein betäubender Schlag.

Über der ganzen unglücklichen Ebene schwebten Gestalten, die anscheinend aus Licht bestanden. Es war ihre Größe und ihr blendender Glanz, die mich gehindert hatten, sie vorher zu erkennen. Jetzt, nachdem ich sie sah, nachdem meine Augen auf sie eingestellt waren, konnte ich erkennen, daß diese unermeßlichen Gestalten sich über die kleinen Kreaturen auf der Ebene beugten, vielleicht sogar mit ihnen sprachen.

Waren diese strahlenden Wesen Engel? War das Licht neben mir auch ein Engel? Aber der Gedanke, der sich mir in dem kleinen Lazarettzimmer so unwiderstehlich in den Sinn gegraben hatte, lautete:

„Du bist in der Gegenwart des Sohnes Gottes.“ War es möglich, daß jeder dieser anderen Verstorbenen, elend und unwürdig wie ich, ebenfalls in seiner Gegenwart waren? In einem Reich, in dem Raum und Zeit nicht länger nach den mir bekannten Spielregeln verliefen, konnte er da nicht auch neben jedem anderen stehen, so, wie er auch mit mir war?

Ich wußte es nicht. Alles, was ich klar erkannte, war dies, daß nicht eines dieser zankenden Wesen auf der Ebene verlassen worden war. Jemand war neben ihnen, achtete auf sie und diente ihnen. Und genauso sichtbar war die Tatsache, daß keiner von ihnen es wußte. Wenn Jesus oder seine Engel zu ihnen sprachen, konnten sie es sicherlich nicht hören. Der Strom des Hasses, der aus ihren eigenen Herzen kam, machte keine Pause; ihre Augen suchten immer nur eine Person in der Nähe, um sie zu demütigen. Es wäre mir unmöglich erschienen, das größte und eindrucksvollste Geschehen der ganzen Ebene nicht wahrzunehmen, es sei denn, ich selbst hätte sie angestarrt, ohne sie zu sehen.

Nachdem ich diese strahlenden Gestalten erkannt hatte, stellte ich in der Tat mit Verwunderung fest, daß ich sie die ganze Zeit gesehen hatte, ohne die Tatsache bewußt zu registrieren, als ob Jesus mir in jedem Moment nur soviel zeigen konnte, wie ich bereit war zu sehen. Engel hatten die belebten Städte und Dörfer, die wir besucht hatten, bevölkert. Sie waren gegenwärtig gewesen in den Straßen, den Fabriken, den Häusern, sogar in jener unfreundlichen Bar, wo sich niemand ihrer Gegenwart mehr bewußt war als ich selbst.

Und plötzlich erkannte ich, daß es eine gemeinsame Erklärung für all die Szenen gab, die ich bis hierher gesehen hatte. Es war der Mangel, Jesus erkennen zu können. Ob es ein körperliches Verlangen war, ein irdischer Wunsch, ein Vertieftsein in das Selbst — ganz gleich, was seinem Licht auch in den Weg trat, es schuf eine Trennung, in die wir mit dem Tod eintreten.

VI

Wir waren wieder in Bewegung. Oder vielmehr, die Szene vor uns — sie änderte sich irgendwie. Sie öffnete sich. Die Qualität des Lichtes war anders, so, als ob die Luft plötzlich durchsichtiger wurde und mich in die Lage versetzte, das zu sehen, was anscheinend schon immer da war.

Und wieder war es so, als ob Jesus mir nur so viel offenbaren konnte, wie meine Sinne erfaßten. Zuerst hatte er mir ein höllisches Reich gezeigt, voller Wesen, die in einer Form von Selbstachtung gefangen waren. Jetzt, dahinter, darüber, durch all das hindurch fing ich an, ein ganz neues Reich wahrzunehmen. Gewaltige Gebäude standen in einem schönen, sonnigen Park, und es war eine Verwandtschaft zwischen den verschiedenen Konstruktionen festzustellen, ein Muster, nach der Art ihrer Anordnung, das mich irgendwie an eine gut geplante Universität erinnerte; mit dem Unterschied, daß es lächerlich war, das, was ich sah, mit irgend etwas auf der Erde zu vergleichen. Es war viel mehr, als ob alle Schulen und Universitäten dieser Welt nur stückweise Reproduktionen dieser Wirklichkeit hier waren.

Es war so, als wären wir ganz plötzlich in eine völlig andere Dimension eingetreten, fast wie in eine andere Art Dasein. Nach dem Krawall in den Kriegszeitstädten und den kreischenden Stimmen der Ebene existierte hier ein alles durchdringender Friede. Als wir eins der Gebäude betraten und durch einen hohen Korridor mit großen Eingängen gingen, war es so still um uns herum, daß ich erschrak, Menschen darin gehen zu sehen.

Ich konnte nicht sagen, ob es Männer oder Frauen waren, alt oder jung, denn alle waren von Kopf bis Fuß in locker-fließende Kapuzenmäntel eingehüllt, was mich dunkel an Mönche erinnerte. Aber die Atmosphäre dieses Ortes war nicht im geringsten das, was ich mir unter einem Kloster vorstellte. Es war mehr wie ein riesiges Studienzentrum, gewaltig, voller Begeisterung über eine große Entdeckung. Jeder, an dem wir in den weiten Hallen und auf den Wendeltreppen vorübergingen, schien in einer ihn ausfüllenden Geschäftigkeit gefangen zu sein; nicht viele Worte wurden unter ihnen gewechselt. Und trotzdem konnte unter diesen Wesen von mir keine Unfreundlichkeit festgestellt werden, vielmehr eine ausgesprochene Konzentration.

Was diese Leute auch sonst gewesen sein mögen, sie erschienen äußerst selbstvergessen — aufgesogen von einem ungeheuren Vorhaben, weit über ihnen selbst. Durch die offenen Türen erspähte ich gewaltige Räume, voll mit komplizierter Einrichtung. In einigen der Räume beugten sich die Kapuzenfiguren über schwierige Tabellen und Diagramme oder saßen neben den Kontrolltafeln an ihren Arbeitsplätzen, auf denen Lichter flackerten. Ich war immer etwas stolz gewesen auf die Anfänge meiner wissenschaftlichen Ausbildung. An der Universität hatte ich als Hauptfach Chemie, im Nebenfach Biologie gehabt und hatte außerdem Physik und Mathematik studiert. Aber wenn dies hier wissenschaftliche Arbeiten irgendwelcher Art waren, dann waren sie so weit entfernt von all dem, was ich kannte, daß ich nicht einmal den Studienzweig erraten konnte, an dem sie arbeiteten. Irgendwie fühlte ich, daß ein gewaltiges Experiment durchgeführt wurde, vielleicht Dutzende und Dutzende solcher Experimente.

„Was machen sie da, Jesus?“ fragte ich.

Aber obwohl ein Wissen aus ihm herausbrannte wie Feuerflammen — und wenn ich auch tatsächlich spürte, daß alle Aktivitäten an diesem mächtigen „Campus“ ihre Quelle in Gott hatten — dann erleuchtete dennoch keine Erklärung meine Sinne. Wie zuvor war Liebe die Art der Unterhaltung: Mitgefühl für mein Unwissen, Verständnis, das all mein Unverständnis umgab.

Und noch etwas ... trotz seiner offensichtlichen Freude an den Wesen um uns herum hörte ich, daß auch dies noch nicht das letzte war, daß er noch viel Größeres hatte, das er mir zeigen wollte, wenn ich es nur sehen könnte.

Und so folgte ich ihm in andere Gebäude in diesem Reich der Gedanken. Wir betraten ein Studio, in dem eine komplizierte Musik komponiert und vorgetragen wurde, der ich einfach nicht folgen konnte. Es gab schwierige Rhythmen, Töne, die sich auf einer mir unbekannten Tonleiter befanden. „Toll“, dachte ich, „Bach ist wohl lediglich der Anfang!“

Danach gingen wir durch eine Bibliothek, die die Größe der gesamten Universität von Richmond hatte. Aufmerksam blickte ich in Räume, die vom Fußboden bis zur Decke mit wertvollen Dokumenten angefüllt waren aus Pergament, Ton, Leder, Metall, Papier. „Hier", kam mir der Gedanke, „wurden alle wichtigen Bücher des gesamten Universums gesammelt."

Ich wußte sofort, daß dies unmöglich war. Wie konnten Bücher irgendwo außerhalb der Erde geschrieben werden! Aber der Gedanke blieb bestehen, obwohl mein Verstand ihn ablehnte. „Die Standardwerke des Universums", der Ausdruck kehrte ständig wieder, als wir die Leseräume mit ihren Kuppeldecken durchstreiften, überfüllt von schweigenden Schülern. Dann plötzlich, an der Tür zu einem kleineren Raum, fast einem Nebenraum: „Hier befindet sich der zentrale Gedanke dieser Erde."

Wir begaben uns wieder hinaus in den stillen, uns erwartenden Park. Anschließend in ein Gebäude voller technologischer Maschinerie. Hinein in ein fremdes Weltraumgebilde, in dem uns ein „Katzengang" über einen Tank führte, der anscheinend mit gewöhnlichem Wasser gefüllt war. Hinein in das, was wie große Laboratorien aussah, und hinein in das, was eine Art Weltraumbeobachtungsstation sein konnte. Im Vorübergehen wuchs meine Verwunderung.

„Ist dies ... der Himmel, Herr Jesus?" wagte ich zu fragen. Die Ruhe, der Glanz, sie waren sicher himmlisch! So mußte sich die Abwesenheit vom Selbst gestalten — vom lärmenden Ego. „Als diese Menschen noch auf der Erde waren, sind sie dann über ihre selbstsüchtigen Wünsche hinausgewachsen?"

Sie wuchsen, und sie wachsen immer noch. Die Antwort schien wie das Sonnenlicht in jene intensive, geschäftige Atmosphäre. Wenn Wachstum sich jedoch fortsetzen konnte, dann war dies noch nicht alles. Dann ... mußte es irgend etwas geben, was diesen durchläuterten Wesen noch fehlte. Und plötzlich dachte ich, ob es womöglich dasselbe war, das man im „niedrigen Reich" vermißte. Verpaßten diese selbstlosen, suchenden Kreaturen ebenfalls bis zu einem gewissen Grad, Jesus zu sehen? Oder vielleicht ihn als ihn zu sehen? Stückchen und Hinweise auf ihn hatten sie sicher; offensichtlich war es die Wahrheit, der sie einseitig konzentriert nachjagten. Wenn sogar der Durst nach Wahrheit von der Wahrheit selbst trennen könnte, die hier in ihrer Mitte stand, während sie nach ihm in Büchern und Reagenzgläsern suchten ...

Ich wußte es nicht. Und neben seiner unaussprechlichen Liebe schienen meine eigene Verwirrung und all die Fragen, die ich stellen wollte, identisch zu sein. Vielleicht, so stellte ich abschließend fest, kann er mir nicht mehr sagen, als ich sehen kann: Vielleicht gibt es in mir noch nichts, was eine Erklärung verstehen könnte.

Die zentrale Tatsache, der allem Entsprechende, blieb die Persönlichkeit an meiner Seite. Welche zusätzlichen Fakten er mir auch zeigte, in jedem Augenblick blieb er die wahre Mitte meiner Beachtung.

Das ist vielleicht der Grund, daß ich den genauen Augenblick verpaßte, als wir die Erdoberfläche verließen...

Bis zu diesem Punkt hatte ich den Eindruck gehabt, daß wir auf einer Reise waren — auf welche Weise konnte ich mir allerdings nicht vorstellen — einer Reise auf der Erde selbst. Sogar das, was ich als eine „höhere Ebene" tiefer Gedanken und des Lernens erkannt hatte, war offensichtlich nicht weit entfernt von der „physikalischen Ebene", wo körperlose Wesen noch an die feste Welt gebunden waren.

Jetzt dagegen schien es, als hätten wir die Erde hinter uns gelassen. Ich konnte sie nicht mehr sehen. Dagegen waren wir jetzt anscheinend in einem unermeßlichen Nichts, nur daß ich immer in Verbindung mit einem furchterregenden Wort daran gedacht hatte, und das war es nicht. Ein ungenanntes Versprechen schien durch die ungeheure Leere zu vibrieren.

Und dann sah ich, unendlich weit entfernt, viel zu weit, um auf irgendeine Weise, meiner Kenntnis nach, gesehen zu werden... eine Stadt. Eine strahlende, unendlich scheinende Stadt, hell genug, um über die unvorstellbare Entfernung gesehen zu werden. Der Glanz schien von den Mauern und Straßen auszugehen und von den Wesen, die ich nun in ihrer Bewegung erkennen konnte. In der Tat, die Stadt und alles in ihr schien aus diesem Licht geschaffen zu sein, genau wie die Person neben mir aus Licht geschaffen war.

Zu der Zeit hatte ich das Buch der Offenbarung noch nicht gelesen. Ich konnte nur in Ehrfurcht zu diesem entfernten Schauspiel hinübersehen und wunderte mich, wie hell jedes Gebäude, jeder Einwohner sein mußte, um aus der Entfernung von so vielen Lichtjahren gesehen zu werden. Konnten diese strahlenden Wesen, so fragte ich mich erstaunt, diejenigen sein, die in der Tat Jesus als den Brennpunkt ihres Lebens behalten hatten? Sah ich am Ende diejenigen, die in allem und jedem auf ihn gesehen hatten? Die so gut und so genau hingesehen hatten, daß sie in sein Ebenbild verwandelt worden waren? — Als ich gerade diese Frage stellte, schienen sich zwei strahlende Wesen von dieser Stadt zu entfernen und geradewegs auf uns zuzukommen. Sie jagten über die Unendlichkeit mit der Geschwindigkeit des Lichts.

Aber so schnell sie auch auf uns zukamen, wir zogen uns noch schneller zurück. Der Abstand nahm zu, das Gesicht verblaßte. Wenn ich auch über den Verlust laut aufschrie, so wußte ich doch, daß meine unvollkommene Schau jetzt nicht mehr ertragen konnte, als einen winzigen Schimmer dieses Reiches, des endgültigen Himmels. Er hatte mir alles gezeigt, was er konnte; jetzt entfernten wir uns mit großer Geschwindigkeit.

Wände um uns herum schlossen uns ein. Wände, so eng und schachtelähnlich, daß es einige Sekunden dauerte, bevor ich den kleinen Lazarettraum wiedererkannte, den wir, so wie es mir schien, eine Lebenszeit zuvor verlassen hatten.

Jesus stand immer noch neben mir, sonst hätte ich die Bewußtlosigkeit, den Übergang vom unbegrenzten Raum in die Dimension des zellenähnlichen Zimmers nicht ausgehalten haben können. Die herrliche Stadt glitzerte und glänzte immer noch in meinen Gedanken, winkte mir zu, rief mich. Mit völliger Gleichgültigkeit bemerkte ich, daß eine Gestalt unter dem Bettuch auf dem Bett lag, das fast den winzigen Raum füllte.

Aber unglaublicherweise gehörte ich irgendwie zu dieser bedeckten Gestalt. Ich ging näher heran. Es füllte das Blickfeld meiner Vision, das Licht verlöschte. Verzweifelt schrie ich nach ihm, daß er mich nicht verlassen möge, daß er mich bereit machen möge für die glänzende Stadt, daß er mich nicht allein lassen möge an diesem dunklen und engen Ort.

Wie in einer uralten, halbvergessenen Geschichte erinnerte ich mich, wie ich Flure und Stationen dieses Krankenhauses durchkämmt hatte, um verzweifelt die Gestalt in dem Bett zu finden. Von dem einsamsten Augenblick meines Lebens war ich in das vollkommenste Verhältnis versetzt worden, das ich je gekannt hatte. Das Licht Jesu war in mein Leben eingetreten und hatte es ganz ausgefüllt, und der Gedanke, von ihm getrennt zu werden, war mehr, als ich ertragen konnte.

Gerade als ich so bat, fühlte ich meine Bewußtlosigkeit von mir gleiten. Meine Sinne wurden getrübt . . . ich wußte nicht mehr, wofür ich kämpfte. Mein Hals brannte, und das Gewicht auf meiner Brust erdrückte mich fast.

Ich öffnete meine Augen, doch da war irgend etwas vor meinem

Gesicht. Ich tastete über die Decken, um herauszufinden, was es war, aber die Bewegung meiner Arme war so, als wenn ich versuchte, Bleibarren zu heben. Schließlich legten sich meine Finger übereinander. Mit meiner rechten Hand fühlte ich nach dem Ring mit dem ovalen Stein am Ringfinger meiner linken Hand. Langsam drehte ich ihn herum und herum, während Dunkelheit über mich hereinbrach.

VII

Vier Gespräche waren nötig gewesen, um Fred Owen so viel von meiner Geschichte nahezubringen. Er hatte mich immer wieder unterbrochen, um Fragen zu stellen oder Erklärungen anzubieten — und um mich wissen zu lassen, daß er mir notwendigerweise kein Wort davon abkaufen würde.

Jetzt dagegen saß er vollkommen ruhig da, während auf meinem Schreibtisch die Nummern meiner Digitaluhr wechselten. Ich hörte, wie sich die Außentür öffnete und schloß und mein nächster Patient kam. Ich schaute auf die Uhr: wir hatten noch zehn Minuten.

„Sie sind... ins irdische Leben zurückgekehrt?“ fragte Fred schließlich.

„So erkläre ich es jetzt“, sagte ich. „Damals wußte ich nicht viel von all dem. In den nächsten zwei oder drei Tagen war ich noch recht oft bewußtlos. Ich hatte ein paar fiebrige, alpdruckähnliche Träume — all das, was man bei einer ernsthaften Krankheit erwartet.“

Das war die Hauptsache, erzählte ich ihm. Als ich das Bewußtsein wiedererlangt hatte, war mir meine Krankheit sehr bewußt. Meine körperlichen Probleme verdrängten alles andere aus meinem Kopf. Aber während ich — außerhalb des Körpers war? Ich wußte nicht, wie ich es sonst beschreiben sollte — da hatte ich keine Schmerzen. Kein körperliches Gefühl irgendwelcher Art.

Das nächste, woran ich mich mit Sicherheit erinnern konnte, fuhr ich fort, war das Öffnen meiner Augen unter riesigen Kopfschmerzen und der Anblick einer Krankenschwester, die zu mir herunterlächelte.

„Es ist gut, daß wir Sie wieder bei uns haben“, sagte sie. „Eine Weile dachten wir, Sie würden es nicht schaffen.“

Ich leckte meine vom Fieber aufgesprungenen Lippen. „Was haben wir für einen Tag?“ brachte ich heraus.

„Es ist Heiligabend, Herr Ritchie.“ Der Feiertagsurlaub für das

Krankenhauspersonal war gestrichen worden, fügte sie hinzu, wegen der Grippeepidemie und der schweren Lungenentzündungsfälle im Lazarett.

Ich versuchte, über eine andere Frage nachzudenken, damit sie mich nicht verlassen würde. Irgendwie mußte ich ihr die Sache mitteilen, die mit mir passiert war. Ja, sagte sie, sie hätten beinahe jeden Tag Schnee gehabt. Ihr Name, so erzählte sie mir, wäre Leutnant Irvine.

„Ich habe gerade das erstaunlichste Erlebnis gehabt", fiel ich ein. „Etwas, was jeder auf Erden wissen muß."

Ein Hustenanfall packte mich. Leutnant Irvine mußte ihren Arm unter meinen Rücken schieben und mich aufrichten, um mir einen Schluck Wasser zu geben. „Erzählen Sie jetzt nicht weiter", sagte sie. „Ich werde später wieder nach Ihnen sehen."

Und wirklich, ich überlegte, was ich sagen würde. „Ich habe eben Gott gesehen? Ich war in der Hölle? Ich habe einen Schimmer vom Himmel gesehen?" Sie mußte denken, ich wäre verrückt.

Sobald jemand in das kleine Zimmer kam, versuchte ich die ganze Woche über, das Licht zu beschreiben, das diesen selben Raum ausgefüllt hatte, und die alles überragende Frage, die er an mich gerichtet hatte. Ich kam niemals über die wenigen Worte hinaus.

„Sie sollten zur Ruhe kommen. Versuchen Sie, nicht zu sprechen", meinte der Arzt oder die Schwester — und in der Tat war meine Stimme nicht mehr als ein keuchendes Krächzen. Die Belegschaft war offensichtlich mehr interessiert an Tatsachen wie meinem Stoffwechsel, meiner Temperatur, der Menge der mir intravenös verabreichten Flüssigkeit. Aus der Beachtung, die mir zuteil wurde, war mir klar, daß dies mehr als ein gewöhnlicher Routinefall war. Und allmählich, als die Tage vorübergingen, kam ich Stück für Stück dem näher, was sich in der Zeit im Krankenhausflur ereignet hatte, als ich, auf meiner Seite des Geschehens, Jesus begegnete.

„Unsere Zeit ist heute abgelaufen", sagte ich zu Fred, „aber morgen erzähle ich Ihnen, was ich aus den Ärzten herauskriegen konnte, wenn Sie es wünschen."

Fred kam jetzt täglich, obwohl ihm sogar der kurze Gang vom Parkplatz den Atem nahm. Es war also der nächste Nachmittag, an dem ich meine Geschichte wieder aufnehmen wollte...

VIII

Nachdem ich am Röntgenapparat zusammengebrochen war, so erfuhr ich, war ich in einen kleinen Isolierraum in der Nähe der Station gebracht worden, wo mein Zustand als doppelseitige Lungenentzündung diagnostiziert worden war. Trotz aller Versuche von Seiten des Krankenhauses während der nächsten 24 Stunden — 1943 war die „Wundermedizin" noch in ihren Kinderschuhen — verschlechterte sich mein Zustand.

Am frühen Morgen des 21. Dezember, 24 Stunden nachdem ich bewußtlos in den kleinen Raum getragen worden war, machte der Sanitäter seine regulären Runden, um Medizin auszugeben, kam in meine kleine Schlafkammer und konnte meinen Puls nicht mehr finden. Er kontrollierte meine Atmung. Nichts. Als nächstes wollte er den Blutdruck messen. Wieder nichts, wonach er gleich zum Arzt vom Dienst rannte.

Der diensthabende Arzt erschien sofort und wiederholte selbst die Tests mit denselben Ergebnissen. Schließlich richtete er sich auf. „Er ist tot, wirklich", sagte er zum Sanitäter. „Wenn Sie Ihre Runde beendet haben, machen Sie ihn bitte fertig für das Leichenhaus."

Er brachte es nur zögernd heraus: Es hatte bereits eine Anzahl von Toten in diesem Monat im Camp Barkeley gegeben. Widerstrebend legte er meine Arme auf die Wolldecke, zog das Bettuch über mein Gesicht und kehrte auf Station zurück, um für die Lebenden zu tun, was er konnte. Der Sani setzte auch seine Runde fort. Und das muß der Punkt gewesen sein, an dem ich in meiner verzweifelten körperlosen Suche in den kleinen Raum zurückgekommen war und eine Gestalt sah, die mit einem Bettuch bedeckt war...

Ungefähr neun Minuten später, so steht es im Krankenhausbericht, kehrte der Sani zurück, um den Körper auf die Überführung in das Leichenhaus vorzubereiten. Aber — mit Sicherheit hatte sich die Hand auf der Wolldecke bewegt!

Wieder galoppierte der Sani zum Arzt vom Dienst. Der Offizier kehrte mit ihm zurück und untersuchte mich zum zweitenmal und erklärte mich zum zweitenmal für tot. Zweifellos hat der junge Diensthabende nach der langen einsamen Nachtschicht sich einiges eingebildet!

Und dann passierte etwas, dessen volle Auswirkungen mir erst Jahre später bewußt wurden. Zur Zeit, als ich darüber unterrichtet wurde, war ich natürlich überrascht, aber nicht so sprachlos, wie ich es heute bin, sooft ich darüber nachdenke.

Der Sani weigerte sich, das Urteil seines vorgesetzten Offiziers anzuerkennen. „Vielleicht", so schlug er vor, „sollten Sie ihm eine Spritze mit Adrenalin direkt in den Herzmuskel geben."

Einerseits war es undenkbar, daß ein Rekrut einem Offizier gegenüber einen Einwand äußerte, besonders auf medizinischem Gebiet, wenn der Rekrut ein nicht ausgebildeter Sanitäter war und der Offizier ein examinierter Mediziner. Zum zweiten war das, was der Sanitäter vorschlug, medizinisch gesehen, lächerlich. Es ist wahr, daß in jenen Tagen vor dem weitverbreiteten Gebrauch der Herzmassage und des elektrischen Schocks die Adrenalinspritze in das Herz gelegentlich versucht wurde, wenn das Herz ausgesetzt hatte. Das geschah jedoch nur, wenn das Herz eines von Grund auf gesunden Patienten durch irgendeinen Zwischenfall aufgehört hatte zu schlagen, wie zum Beispiel bei einem Ertrunkenen, wo das Wieder-Ingangbringen des Herzschlags mit der Hoffnung auf endgültige Wiederherstellung des Menschen verbunden war.

Wenn jedoch das ganze System von einer Krankheit, wie Lungenentzündung, zusammenbricht, bewirkt es gar nichts, wenn man einfach den Herzmuskel ein paarmal arbeiten läßt. Technisch gesehen kann man den Herzschlag für wenige Minuten erzeugen, man hat jedoch damit nicht den allgemeinen Zustand verändert. In der Tat war mein Zustand, was jeder Mediziner bestätigt hätte, nicht mehr zu ändern; das Gehirn wäre nach einer so langen Zeit ohne Sauerstoff hoffnungslos beschädigt gewesen.

Und trotzdem akzeptierte der wissende Arzt den Vorschlag des unwissenden kleinen Soldaten an seiner Seite, obwohl er sich über die Unvernunft seines Handelns völlig im klaren war. „Holen Sie bitte eine sterile Packung aus dem Medikamentenraum!" sagte er ihm. Als der Sani wieder erschien, füllte der Offizier die Spritze mit Adrenalin und stieß die Nadel in mein Herz.

Zuerst noch unregelmäßig, aber der Herzschlag setzte ein. Dann, als die beiden mich noch ungläubig beobachteten, festigte er sich in einen rhythmischen Pulsschlag.

Einen Augenblick später setzte die Atmung ein. Mein Blutdruck stieg. Mein Atem ging stärker ...

Es war keineswegs eine sofortige Wiederherstellung. Drei Tage vergingen, bevor ich mein volles Bewußtsein wiedererlangte, fünf Tage, bevor ich auf der Liste der kritischen Fälle gestrichen wurde, zwei Wochen, bevor ich wieder aufstehen konnte. Aber erst jetzt, nachdem ich eigene 27 Jahre der Praxis hinter mir habe, kann ich mir die Verwirrung vorstellen, mit der das Personal meinen Genesungsprozeß verfolgt haben muß. Mit der Zeit ging es mir gut genug, daß ich Fragen stellen konnte, sowohl dem Offizier vom Dienst in jener Nacht als auch dem Sanitäter, dessen unerklärliche Ahnung sich als richtig erwies. Beide wurden mit einer Einheit nach Übersee versetzt. Aber ich empfing den persönlichen Besuch von Dr. Donald G. Francy, dem befehlshabenden Offizier, dem der Offizier vom Dienst die Vorfälle des Abends berichtet hatte. Dr. Francy nannte meine Wiederherstellung „den erstaunlichsten medizinischen Fall, der mir je begegnet ist“, und schrieb Jahre später in einer notariell beglaubigten Darstellung: „Der Soldat George G. Ritchie ..., dem Wesen nach vom Tode zurückgerufen und zurückgekehrt zu kräftiger Gesundheit, muß auf andere als natürliche Weise erklärt werden.“

IX

Zu der Zeit jedoch, so erzählte ich Fred Owen, interessierten mich die Einzelheiten meiner Genesung sehr wenig. Ich bezeichnete die Rückkehr in dieses Leben als ein Unglück; wäre über die, die an mir arbeiteten, um mich wieder herzustellen, wütend gewesen, wenn ich nur die Kraft dazu gehabt hätte.

Meistens lag ich einfach in meinem Bett als ein sehr kranker junger Mann und rang mit der gewaltigen Begegnung, die ich in meiner Schlafkammer gehabt hatte. Ich dachte an Jesus. Ich wünschte, ich wüßte, wie ich anderen von ihm erzählen könnte. Ich konnte mir kaum vorstellen, wie ich leben konnte, ohne ihn zu sehen.

Die Zeiten, in denen ich die Trennung von ihm am leichtesten zu ertragen schien, waren die, wenn jemand in mein Zimmer kam. Sanis, Schwestern, Ärzte, es war mir egal; mein Herz schlug höher, wenn jemand erschien. Leutnant Irvine — Retta war ihr Vorname, wie ich herausfand, obwohl ich natürlich nicht wagte, ihn zu benutzen — war besonders treu im „Hineinschauen", wie sie es nannte, und jedesmal versuchte ich es wieder, ihr zu erzählen, was ich erlebt hatte. „Es war wie die hellste Sonne, die man sich vorstellen kann, nur daß es keine brennende Sonne war ..." Die Schwierigkeit war, daß ich nicht genug Wörter fand, um den kleinsten Teil zum Ausdruck zu bringen, und ich konnte feststellen, daß meine Versuche sie nur verwirrten.

Rückblickend meine ich, daß Retta Irvine nicht mehr als sechsundzwanzig oder siebenundzwanzig gewesen sein konnte, eine hübsche Blonde, mit gepflegtem Aussehen und einem gewinnenden Lächeln, aber in meinen jungen Augen erschien sie mittelalterlich, eine ältere Frau, vor der ich meine Probleme ausschütten konnte. Da ich ihr das mit dem Licht und der Welt, die er mir gezeigt hatte, nicht erklären konnte, erzählte ich ihr von der medizinischen Ausbildung und daß ich mit dem Unterricht vor drei Wochen begonnen haben sollte. Das war ihr sofort sympathisch. Es war großartig, mit ihr zu sprechen. In ein menschliches Gesicht zu schauen und mich von ihr anschauen zu lassen, mit ihr zu sprechen und zu sehen, wie sie reagierte, warum hatte ich nicht dieses Wunder schon vorher erkannt?

Sobald ich in der Lage war, unsicher auf die Station hinauszuwanken, kehrten meine Geister noch mehr zurück, und ich fing an, sie damit zu quälen, mich in eins der gewöhnlichen Betten umzulegen, wo ich rechts und links von mir Menschen liegen haben würde. Ich war erstaunt, wenn ich mich daran erinnerte, wie ich vor diesem Erlebnis gewesen war: eine schüchterne, eher introvertierte Person. Nur bei den Pfadfindern und unter den Studenten fiel es mir leicht, mit anderen Leuten umzugehen, und das nur, weil ich mit derselben Gruppe Tag für Tag zusammen war. Jetzt entdeckte ich mich plötzlich, wie ich vollkommen fremde Menschen wie lebenslange Kumpel begrüßte. Das völlige Alleinsein, das ich kennengelernt hatte, als ich durch dieselben Krankenstationen streifte, ungesehen und unerwartet, hatte mich zutiefst verwandelt.

An jedem Abend, wenn die Lichter ausgingen und das Gespräch erstarb, lag ich da und starrte die Reihe der Nachtlichter entlang, die sich gegenüber dem Gang befanden, und dachte zurück an jede Einzelheit dieser außergewöhnlichen Nacht, als das Licht selbst in diese eintönigen Holzbaracken eingetreten war. War er noch hier? Ich wollte es gerne wissen. War es nur, weil er unsere natürlichen Augen zu sehr blendete, daß niemand von uns ihn sehen konnte?

Ich war so entmutigt, daß ich es kaum wagte, anderen von dem zu erzählen, was ich erlebt hatte. Entmutigung und auch ein wenig Selbstschutz. Ich genoß die neu entdeckte Kameradschaft der Station viel zu sehr, als daß ich es riskierte, als seltsamer Außenseiter angesehen zu werden. Aber in jeder Nacht erinnerte ich mich stundenlang an jedes Bild, jeden Ton jener unglaublich lebendigen Eindrücke. Zuerst das höllische Reich, wo mir gestattet worden war, am längsten hinzuschauen. Wo die Leute, die nicht länger auf diese Erde gehörten, auch nicht fliehen konnten — nicht den Verwicklungen entfliehen konnten, den Begierden, dem Stolz, denen sie gestattet hatten, sie hier zu bestimmen. Dann der kurze Besuch in einem Reich, wo das Ego zurückgelassen worden war, wo alles ein selbstloses Suchen nach der Wahrheit war. Wo ich fast annahm, im Himmel zu sein, bis ich zum Schluß die flüchtige Offenbarung hatte: die herrliche Stadt. Ich hatte sie nur für einen Augenblick gesehen, dennoch stand sie in der ganzen Erfahrung am klarsten vor meinen Augen. Höchst schmerzhaft.

Was hatte das alles zu bedeuten? Warum sollten solche Dinge mir gezeigt worden sein, warum nicht den anderen Menschen? Vor allem, was hatte ich mit dem ganzen nun anzufangen?

Das war die Frage, die auch Fred Owen stellte, als er sich in den Sessel neben mir fallen ließ und seine Worte zwischen mühsamem Atemholen hervorbrachte.

,,Ist da wirklich ein Unterschied zu verzeichnen? In Ihrem Leben, meine ich. Und in dem, was Sie taten. Andernfalls ist das zwar alles sehr faszinierend, wenn man eine innere Verbindung zu Gott hat und all das, aber ich kann mir nicht vorstellen, daß einem das sehr viel bedeutet.''

Eine innere Verbindung... Entdeckte ich einen Anflug von — Neid — in diesen Worten? Wenn dem so war, dann war es offensichtlich, daß ich versäumt hatte, auf das Wesentliche dieses Erlebnisses einzugehen. Dies war keine Rundreise zum Himmel, erinnerte ich Fred. Wenn ich den Himmel überhaupt sah, dann nur auf ungeheurem Abstand, unerreichbar für eine Person, wie ich sie war, oder mir vorstellen könnte, sie zu werden. Ebensowenig glaubte ich, daß ich als 20jähriger Junge in die Tiefen der Hölle hineingeschaut hatte; ich hatte zum Beispiel nicht den Feuersee gesehen, von dem die Bibel berichtet.

Aber was ich von dem kommenden Leben sah, wie es anscheinend Leute wie ich erfuhren, war Hölle genug. Genug, um mich zu erfüllen mit einer lebenslangen Angst vor jeder Haltung, jeder Gewohnheit, vor allen Prioritäten, die aus mir solch ein Wesen machen könnten, wie ich jene dort gesehen hatte. Für mich gibt es seit dieser Nacht in Texas keine Zufälle mehr, erzählte ich Fred, keine ,,unwichtigen'' Begegnungen mit Menschen. Seit der Zeit habe ich jede Minute eines jeden Tages bewußt in der Gegenwart einer größeren Welt verbracht.

Und seltsam genug, es war die Herrlichkeit jener Welt und nicht der Schrecken, die mir die Rückkehr in das Leben so schwer machte. Der Kontrast zwischen der Liebe Jesu und der Welt, in der ich mich vorfand, in der ich weiter leben sollte, ließen die Jahre, die meiner Krankheit folgten, zu den schwersten meines Lebens werden. ,,Was hat sich geändert?'' fragte Fred mich. Um ihm die Wahrheit zu sagen, was ich versprochen hatte zu tun, wußte ich, daß ich Fred erzählen mußte, und zwar ehrlich erzählen mußte, was als nächstes geschah.

X

Es war drei Wochen nach meiner seltsamen Begegnung mit Christus, als Leutnant Irvine an meinem Bett mit unerwartet guter Nachricht stehenblieb. Das medizinische College von Virginia hatte einen Studienplatz für mich freigehalten! Sobald ich die Fahrt nach Osten antreten konnte, sollte ich mich melden!

Wieder einmal wurde meine Genesung zu einem Wettlauf mit der Zeit: jeder versäumte Unterrichtstag bedeutete, mehr aufholen zu müssen, weniger Chancen, im Programm Schritt halten zu können. „Sie müssen essen", sagte Leutnant Irvine jedesmal, wenn sie mich sah. „Wir dürfen den Patienten nicht ihre Kurve zeigen, aber ich kann Ihnen mit Sicherheit sagen, daß man Sie nicht von hier entlassen wird, bis Sie weitere 15 Pfund zugenommen haben."

Und so aß ich, und ich stopfte mich mit Kartoffelbrei voll, der mir wie ein Klebemittel im Mund steckenblieb, trank Milch, bis der Anblick der Milchflasche mir schon den Magen umdrehte.

Schließlich, an einem klaren, windigen Tag im späten Januar, genau einen Monat, nachdem der Beginn des Medizinstudiums vorgesehen war, erhielt ich meine Entlassung aus dem Camp-Barkeley-Lazarett. Ich stand da und starrte auf die Fahrkarte in meiner Hand. Die Armee hatte nicht nur einen Platz reserviert, sondern ein Bett im Schlafwagen für den Zug, der Abilene am folgenden Nachmittag verlassen sollte, ein noch nie dagewesener Luxus für einen kleinen Soldaten und ein deutlicher Hinweis auf die Tatsache, daß noch viel für meine Wiederherstellung getan werden mußte. Mein Entlassungsgewicht stand in den Papieren: 120 Pfund. 40 Pfund weniger als die 160, mit denen ich gekommen war. Und 120, das wußte ich, waren mindestens 15 Pfund mehr, als ich gehabt hatte...

Aber egal, ich ging zur medizinischen Ausbildung: sie hatten mir einen Platz reserviert! Ich rief meine Stiefmutter an, um ihr mitzuteilen, um welche Zeit der Zug Richmond erreichen würde. Sie hatte während der ganzen Zeit, in der ich im Krankenhaus war, regelmäßig geschrieben und mir versichert, daß sie verstehen würde, daß ich zu krank sei, um antworten zu können. Ich war froh, daß ich es dabei bewenden lassen konnte, dankbar für das Lazarettbüro, das sie auf dem laufenden gehalten hatte. Ich hatte nie einen besonders guten Kontakt zu ihr gehabt.

Ich starrte aus dem Fenster des Pullmanwagens, während die Landschaft an mir vorüberzog. Texarkana... Little Rock... Memphis... verschiedene Züge, verschiedene Lokomotiven, an die mein Wagen angehängt wurde, auf dem Wege nach Osten.

In Westvirginia stiegen wir langsam hinauf nach Charleston. Und dann überquerten wir die Staatengrenze nach Virginia. Covington, Clifton Forge, Waynesboro — wie herrlich war das alles! Die angeschwollenen Flüsse, die Wälder, in denen ich mit meiner Pfadfindergruppe gezeltet hatte. Dann ging es am östlichen Abhang des Blue Ridge hinunter nach Charlottesville und schließlich nach Richmond.

Es wurde schon wieder dunkel, als wir die Stadt erreichten, 48 Stunden, nachdem ich in Abilene in den Zug eingestiegen war. Unter der Eisenbahnbrücke kroch der Feierabendverkehr, Stoßstange an Stoßstange, durch die matschigen Straßen. In Fahrtrichtung konnte ich beim frühen, winterlichen Dämmerlicht das riesige rote Ziegelmassiv des Depots an der Hauptstraße ausmachen. Mit klopfendem Herzen hüllte ich mich in den Mantel. Ob vor Schwachheit oder vor Aufregung, zu Hause zu sein, meine Beine zitterten, und das Gewicht des Mantels zog mich fast zu Boden. Durch das Zugfenster konnte ich erkennen, daß der Bahnsteig überfüllt war mit Reisenden, die meisten von ihnen wie ich, in Uniform.

Dann sah ich meine Stiefmutter. Groß, dünner, als ich sie in Erinnerung hatte, ihr hüftlanges, braunes Haar unter ihrem Hut zu einem Dutt geknotet. Sie schlenderte auf dem Bahnsteig entlang, den zehnjährigen Henry hinter sich herziehend.

Ich zog mein Zeug unter dem Sitz hervor und quälte mich den Gang hinunter; in Abilene hatten sie jemanden dazu bestimmt, mir die schweren Sachen in den Zug zu bringen. Mutter entdeckte mich, als ich die Stufen hinunterkam. Im nächsten Augenblick hatten mich ihre Arme umschlungen, während Henry versuchte, mir auf den Rücken zu klettern. Mutter sagte nichts über mein Aussehen, aber nach einigen Schritten griff sie still nach dem Armeesack und nahm ihn mir ab. Sie führte uns auch zu dem Fahrstuhl, anstatt die Treppen zur Straße zu gehen und überschüttete mich die ganze Zeit über mit Familienneuigkeiten. Bruce Gordon lag mit einer Erkältung im Bett. Weihnachten war einsam gewesen, mit Vater und mir in der Ferne. Mama Dabney hatte mich für den nächsten Morgen zum Frühstück nach Moss Side eingeladen — „Butterbrot, da kannst du sicher sein!" — noch bevor ich mich um neun Uhr im College zu melden hatte.

Später, an jenem Abend, als Henry und Bruce Gordon schon schliefen, saßen Mutter und ich im Wohnzimmer bei einem Weihnachtseierpunsch, den sie bis jetzt für mich aufgehoben hatte.

„George?"

Ich schaute auf und fand ihre braunen Augen auf mich gerichtet. „Du hast irgend etwas erlebt, George. Ist es etwas, was du erzählen kannst?"

Ich zuckte ein wenig hilflos die Achseln. Als Kind hatte ich immer vermutet, daß sie meine Gedanken lesen konnte. Und plötzlich, dort in dem bekannten Raum, mit Vaters Photo auf dem Kamin, passierte etwas Eigenartiges. Nachdem ich es wochenlang versucht hatte, jemandem mein Erlebnis zu beschreiben, entdeckte ich mich nun dabei, es zu tun. Entdeckte mich, wie ich es meiner Stiefmutter erzählte, dieser Frau, mit der ich mich ein Leben lang geweigert hatte, Gespräche zu führen. Wie ich ihr gegenüber zum Ausdruck brachte, wozu ich nicht in der Lage gewesen war, es irgend jemandem sonst zu sagen.

Ich hörte mich beschreiben, wie ich aus dem Bett gesprungen war und mich umdrehte, und einen jungen Mann entdeckte, der dort lag. Ich hörte mich von dem rasenden Flug in Richtung Richmond erzählen. Über meine Rückkehr nach Camp Barkeley und die Suche nach mir selbst. Über das Licht und über die Reise, die wir unternahmen ...

Sie lauschte wortlos dem ganzen Bericht und veränderte ihre Haltung auf der Couch kaum. Sie erforschte mein Gesicht mit jenen Augen, denen nichts entging. Und während ich erzählte, wurde mir etwas bewußt, das genauso verwunderlich war, wie der Sturzbach der Worte eines jungen Mannes mit einer schweren Zunge, wie ich einer war. Es war nicht, weil sie mir glaubte, obwohl sie das mit Sicherheit tat. Irgend etwas ging in mir vor, ein aufsehenerregender Wandel in meiner Ansicht, so daß ich plötzlich nicht George Ritchies Stiefmutter vor mir sah, sondern Mary Skeen Ritchie, eine Person mit einer eigenen Lebensgeschichte.

Zum erstenmal in meinem Leben sah ich die beherzte junge Frau, die nicht nur die Rolle einer Mutter Mary Jane und mir gegenüber übernommen hatte, sondern auch die der Erziehungsperson in einem Haushalt, wo der Vater nur an den Wochenenden heimkam. Obwohl ich weitererzählte, „hörte" ich auch etwas, was Vater mir einmal gesagt hatte, etwas, was ich vorher nie registriert hatte: es war unsere Stiefmutter gewesen, die darauf bestanden hatte, drei Jahre zu warten, bevor sie eigene Kinder haben wollte, um sich Mary Jane und mir ganz widmen zu können.

Ich fuhr mit meinem Erzählen fort, über die himmlische Stadt und wie mich danach verlangte, sie aus der Nähe zu sehen. Aber was ich zum erstenmal verstand, war, wie Mama Dabney durch Vaters neue Heirat bedroht gewesen war. Warum sie mich so oft daran erinnert hatte, daß Mary Skeen nicht meine richtige Mutter war. Ich erinnerte mich, wie ich mich als Teenager zurückgezogen hatte, wie ich bockig und feindselig war; aber jetzt erkannte ich die Herzschmerzen, die ich damit der liebenden Frau verursacht hatte, die vor mir saß.

Als ich mit meiner Geschichte fertig war, saßen wir beide eine lange Zeit ganz still. „George", flüsterte Mutter schließlich, „Gott hat dir große Wahrheiten anvertraut."

Er tut es immer noch, dachte ich! Indem ich von der vollkommenen Annahme erzählte, die mir in ihm begegnet war, wurde eine ganz neue Fähigkeit in mir geboren, meine Mutter um ihretwillen anzunehmen.

Was war die geheimnisvolle Kraft im schlichten Wiedergeben dieses Erlebnisses? Ich hatte gefragt, was Gott nach solch einer Begegnung von mir erwarten würde. War dies ein Teil der Antwort? Einfach ... davon zu erzählen?

XI

Aber wenn auch mein Nachhausekommen viel besser ausgefallen war, als ich es erhofft hatte, so war der Beginn im Medizincollege am nächsten Tag schlimmer. Ich war mehr als einen Monat hinter den übrigen der Klasse zurück; den Stapel Bücher, mit dem sie mich beluden, konnte ich fast nicht nach Hause tragen, ganz zu schweigen vom Lesen und Verstehen. In den Vorlesungen während der Woche warfen die Professoren mit zehnsilbigen lateinischen Wörtern um sich. Um mich herum machten sich die Studenten eifrig Notizen, während ich ganz einfach versuchte zu verstehen, was das Thema bedeutete.

Meine Gesundheit arbeitete auch gegen mich. Allein das Hin- und Hergehen von einem Gebäude zum anderen auf dem Universitätsgelände brachte mich außer Atem, und das Konzentrieren auf eine Vorlesung war nur wenige Minuten möglich. An den Abenden fuhr mein Kopf immer wieder hoch, und ich erkannte, daß ich an meinem Schreibtisch eingeschlafen war.

Jeder Student im ersten Semester hatte eine gewöhnliche braune Papiertüte erhalten, die ein Sortiment menschlicher Knochen enthielt — eine Rippe, einen Wirbel, Elle und Speiche — mit denen wir uns bekannt machen sollten. Eines Tages hatte ich meine verlegt, und besorgt verfolgte ich meine Schritte zurück in den Anatomieraum. „Hast du eine Tüte mit Knochen gesehen?" fragte ich einen Studenten, der im Eingang stand.

Er musterte meine ausgemergelte Gestalt. „Na klar, sie steht direkt vor mir."

Allmählich geriet ich in einen Teufelskreis. Die Sorgen fraßen an meiner Studienzeit. Dann konnte ich nichts leisten und sorgte mich noch mehr. Die anderen schienen alle so sicher, so zufrieden mit ihren Leistungen. Während die Wochen vergingen, fing ich an, mich wie ein einsamer Schwachsinniger zu fühlen, umgeben von Genies.

Und dann im Mai geschah etwas sehr Schönes.

Ich hatte Marguerite Shell schon ein paar Jahre gekannt, solange ihr Bruder Mitglied der Phi Gams an der Universität von Richmond war. Bob Shell wurde schnell mein bester Freund, und ich traf Marguerite zum erstenmal bei ihm zu Hause in Lawrenceville, einer kleinen Stadt, ungefähr 70 Meilen südlich von Richmond. Ein kleines Mädchen mit braunen Haaren und blauen Augen, der Farbe des Himmels an einem Aprilmorgen, so dachte ich. Marguerite Shell war das hübscheste Mädchen, das ich je gesehen hatte. Aber im Blick auf eine Verabredung wußte ich, daß ich keine Chance bei ihr hätte. Sie war sehr beliebt, und kurz nachdem wir uns kennengelernt hatten, war sie tatsächlich von einem anderen meiner Verbindungsbrüder festgenagelt worden.

Bob Shell war jetzt im Marine-V-12-Programm an der Universität von Richmond. Eines Abends rief er mich mit einer Neuigkeit an: Marguerite und ihr Freund hatten sich getrennt.

Das war eine Überraschung, aber eine noch größere war es, daß ich telefonisch eine Verabredung mit ihr ausmachte und sie zusagte. Benzin war im Zuge der Kriegszeitrationierung ein Problem, aber ich überredete Mama Dabney, daß sie mir ihren aquamarinblauen Oldsmobile und ausreichend Benzingutscheine für die Fahrt nach Lawrenceville lieh. Der 1941er Oldsmobile war einer der schönsten Wagen, der je gebaut wurde, mit seiner Stromlinienform und den Chromverzierungen am Kühler, und ich dachte, ich würde einen ganz schön flotten Eindruck machen, als ich in Shells Einfahrt einbog.

Meine Selbstachtung wurde irgendwie niedergewalzt, als Marguerite über meine Schulter zur Wagentür zurückschaute und fragte: „Wo ist Bob?“ Aber obwohl sie offensichtlich uns beide erwartet hatte, nahm sie irgendwie mit mir vorlieb, und wir hatten einen sehr schönen Abend. Danach wurde meine freie Zeit damit zugebracht, daß ich beim College um den Acht-Stunden-Ausgangsschein und bei der Familie um Benzingutscheine bettelte.

Im Hochsommer wußte ich es dann, daß ich dies eine mehr als alles andere in der Welt wünschte: daß Marguerite meine Frau würde. Ich wußte allerdings auch, daß ich niemandem einen Heiratsantrag machen konnte, ohne daß die Betreffende über das wichtigste Ereignis in meinem Leben Bescheid wüßte. Daher versuchte ich es mehrmals stotternd, Marguerite das zu beschreiben, was sich im Barkeley-Hospital abgespielt hatte. Jedesmal sah ich den Glanz in ihrem Gesicht verbleichen, und ihre blauen Augen wurden ganz ängstlich, so daß ich hastig das Thema wechselte. Es war klar, daß sie die ganze

Angelegenheit als Gefühlstäuschung betrachtete. Wie dem auch sei, wir versuchten, wie viele Paare während des Krieges, unsere Gespräche an der Oberfläche zu halten, und flüchteten instinktiv vor dem Thema Tod und Zukunft.

Und dann wurde ich im August aufgefordert, vor einem Seminarleiter zu erscheinen. In seinem stickigen kleinen Raum sagte er mir, es sei denn, ich brächte es in den beiden Fächern, Biologie und Bakteriologie, am Ende der laufenden Periode zu einer Drei, andernfalls würde ich unverzüglich zum aktiven Dienst zurückgeschickt werden. Er sagte noch eine Menge mehr, abfällige Bemerkungen über die Dimensionen meines Gehirns und das mangelhafte Urteilsvermögen derer, die mich in das Programm aufgenommen hatten, während ich in dem Meter zwischen Tür und Schreibtisch stramm stand und fühlte, wie mich die letzten Spuren meines Selbstvertrauens verließen.

Ich war zu sehr in meine eigenen Probleme verwickelt, um zu erkennen, daß dieser Mann auch allen anderen Studenten mit derselben sarkastischen Zunge begegnete, Teil einer berechnenden Strategie, ohne Zweifel, um sie auszusondern, bevor sie die Front der Lazarettärzte erreichten, alle, außer den Zähen und Selbstsicheren. Für mich dagegen war seine Einschätzung ganz einfach die Bestätigung meiner eigenen: Ich war zu dumm, um Arzt zu werden.

Während der nächsten sechs Wochen saß ich gebeugt über den Textbüchern und Mikroskopen, während seine Worte sich wie eine defekte Schallplatte in meinem Kopf wiederholten. Meine Abschlußnoten in den beiden Fächern waren eine Vier und eine Fünf.

Am 25. September wurde ich wieder in sein Büro gerufen. Seine ersten Worte waren steif und förmlich. Zurückmelden zum Camp Barkeley, mit sofortiger Wirkung. Wiedereinstufen für den Dienst in Übersee, ebenfalls mit Wirkung dieses Tages. Dann fügte er noch etwas Persönliches hinzu: „Ritchie, wenn Sie aus diesem Krieg zurückkehren, dann werde ich persönlich dafür sorgen, daß Sie niemals in diesem Medizincollege oder irgendeinem anderen aufgenommen werden. Sie haben die Zeit der Professoren und Mitarbeiter verschwendet, und Sie haben einen Studenten von diesem Programm abgehalten, der durch solch eine Gelegenheit gewonnen hätte. Ich werde dafür sorgen, daß Sie nie mehr die Zeit und die Mittel des medizinischen Berufes verschwenden."

Ich kann mich nicht erinnern, wie ich in den Flur hinauskam. Ich erinnere mich nur, wie ich geschäftige Leute beobachtete, die munter an mir vorbeikamen, Leute, die an dem Platz waren, an den sie gehörten, und ich erkannte, daß es niemanden auf Erden im geringsten interessieren würde, ob ich nach links oder nach rechts, treppauf oder treppab ging — es war der trübste Tag meines Lebens.

Und es war mein 21. Geburtstag.

An dem Tag, an dem das Leben beginnen sollte, hatte meins seinen Sinn verloren. Was blieb mir anderes übrig, als zurückzugehen zum Drill, in den Staub von Texas, um eventuell irgendwo in Europa oder Asien in eine Kugel zu laufen. Warum, Jesus, fragte ich immer wieder. Warum konnte ich nicht gleich bei dir bleiben?

Das Schlimmste war, daß Mutter für mich an jenem Abend eine große Überraschungsparty geplant hatte. Marguerite, die zu der Zeit in Richmond arbeitete, kam auch. Meine Schwester Mary Jane — ihr Mann war auf dem Pazifik — wollte kommen und Marguerites ältere Schwester und ihr Mann und viele andere. Und dann sollte es Geschenke geben und Glückwünsche und Karten voller guter Wünsche für die Zukunft.

Ich ging langsam zu meinem Schrank und beschäftigte mich mit dem Ausräumen, solange es nur ging. Medizinische Texte, Hefte mit tintegefärbten Seiten, meine Tüte mit Knochen. Wie konnte ich Marguerite jetzt noch bitten, mich zu heiraten, nachdem ich keine Möglichkeit sah, sie nach dem Krieg zu ernähren — für den Fall, daß ich zurückkam?

Wie leicht würde es sein, der Gedanke kam mir unwillkürlich, hinaufzugehen in das Labor und ein paar Bestandteile im Mörser zu mixen... Ich mochte zu dumm sein, um Arzt zu werden, aber die Vorlesungen über die Giftmixereien hatte ich gut genug verstanden, und ich wäre nicht der erste ausscheidende Medizinstudent, der diesen Ausweg suchte.

Der Gedanke war nur einen kurzen Augenblick in meinem Sinn und wurde von einem anderen verdrängt. Die Selbstmörder, die ich gesehen hatte, wer weiß, wie lange, in einem Reich angekettet, wo die Minute eine Ewigkeit dauern konnte, angekettet genau an die Situation, der sie zu entrinnen versuchten. Wenn ich Marguerites Enttäuschung über mich an diesem Abend nicht begegnen konnte, wie würde ich es zeitlos, für immer, können? Ich sah jene gemarterten Augen, hörte ihr sich endlos wiederholendes „Es tut mir leid!“, niemals die Ohren erreichend, an die es gerichtet war, und ich wußte, sie würden immer zwischen mir und jedem ernsthaften Problem stehen, so daß ich mir mein Leben nicht nehmen konnte.

Ich ging zu meiner Geburtstagsparty. Ich blies die Kerzen auf meinem Kuchen aus, öffnete Bänder und Seidenpapier und lachte über die Witze, die darüber gerissen wurden, wieviel Geld doch die Ärzte machen. Dann, als die anderen gegangen waren, erzählte ich es Mutter und Marguerite.

Sie nahmen es großartig auf, erinnerten mich daran, daß ein Viertel der Klasse zu dieser Zeit immer ausschied. Wenn ich es nicht war, so meinte Marguerite, dann würde es jemand anders sein; irgend jemand mußte mit der Enttäuschung fertig werden, was mich im Blick auf das Mädchen nur noch in größere Probleme stürzte, denn ich hatte mich ja nun von ihr zu verabschieden.

„Sofort" bedeutete in der Armeesprache natürlich „nach unbestimmter Verzögerung", so daß es fast drei Wochen dauerte, bis ich den Befehl erhielt, mich im Camp Barkeley zurückzumelden. An einem frühen Oktobermorgen fuhr ich los, mit mir drei andere Medizinstudenten, die, wie ich, versagt hatten und nicht im College bleiben konnten. Einer der Freunde hatte einen Wagen, einen alten schwarzen Plymouth, und wir hatten vereinbart, miteinander zu fahren.

Wir waren ganz schön still, als wir durch die herrlichen Farben nach Osten fuhren. Ich mußte immer wieder an Vater irgendwo in Frankreich denken. Die große X-Tag-Invasion hatte vor vier Monaten stattgefunden, und Vaters Einheit war den ersten Streitkräften von den Uferstützpunkten tief nach Frankreich hinein gefolgt. Es war während dieses Vorrückens, als Vaters großer Beitrag zum Krieg gekommen war. Auf dem Rückzug hatten die Deutschen eins der großen natürlichen Energievorkommen Europas vernichtet: die Torfmoore von Frankreich und Belgien, gewaltige natürliche Lager von Brennstoff. Um zu verhüten, daß dieser Reichtum in die Hände der Alliierten fallen würde, hatten die sich zurückziehenden Deutschen systematisch die niedrig liegenden Moore überflutet und gaben sie, so wie die meisten Leute glaubten, für viele Jahre unbrauchbar zurück.

Das Problem wurde Vater übergeben: innerhalb von sechs Wochen mußte er die Torfwerke wieder in einen einsatzfähigen Zustand versetzen. Vater war ein Held, sein Name wurde in den Nachrichten und in den offiziellen Berichten erwähnt.

Und sein Sohn? Unterwegs ins Stiefelcamp, genau dorthin, wo er vor 13 Monaten gewesen war.

Der einzige Lichtblick an meinem Horizont dieses strahlenden Oktobertages war ein Brief, der vor einer Woche aus Frankreich gekommen war und darauf anspielte, daß Vater zu Weihnachten zu Hause sein könnte. Zu Hause! Die Familie beisammen! Außer... wo würde ich zu Weihnachten sein?

Am ersten Abend kamen wir bis Cincinnati und sprachen nicht viel, jeder von uns kämpfte wahrscheinlich mit ähnlichen Gedanken wie ich. Am nächsten Tage kamen wir etwas zur Ruhe, wechselten uns am Steuer ab, erzählten von unseren Freundinnen, die „weltbewegendsten" Dinge, vom Fischfang, den wir in diesem Sommer unternommen hatten oder auch nicht — von allem, außer vom College und vom Krieg.

Louisville, Memphis. Am Nachmittag des nächsten Tages erreichten wir den Mississippi und fuhren am Ostufer entlang nach Süden, um bei Vicksburg den Fluß zu überqueren. Auf beiden Seiten des Flusses dehnten sich die leeren Mais- und Zuckerfelder aus, Meilen brauner Stoppeln in der Herbstsonne, vor uns Vicksburg, Mississippi, auf einer Hochebene. Pete war am Steuer, während wir anderen auf die Wegweiser achteten, die zur Brücke führten, wie es auf unserer Karte verzeichnet war.

In der Stadt wählte Pete die Straße, die zum Fluß hinunterführte. „Siehst du irgendein Schild?" fragte er mich über die Schulter. Von meinem Sitz hinter dem Fahrer sollte ich ein Auge auf die linke Straßenseite werfen.

Ich antwortete nicht. Während der letzten Meile fühlte sich mein Mund ganz trocken an, mein Magen war wie verschlossen. Irgend etwas über die Anlage dieser Stadt erschien befremdend, unmöglich, bekannt:

Ich wußte, ich war nie zuvor hier gewesen, und doch wußte ich genau, wie das Ufer hinter der nächsten Kurve aussehen würde. Wie die Straßen sich kreuzen würden. Da! Geradeso, wie ich es gewußt hatte! Und plötzlich wußte ich mit Sicherheit, daß geradeaus auf derselben Straße, nach wenigen Blöcken, ein weißes Fachwerkhaus kommen würde mit einem roten Dach und dem Wort „Café" in Neonbuchstaben über der Tür.

„Da ist es! Nach links!" Der Boy neben Pete zeigte auf ein kleines Hinweisschild an der Ecke.

„Die Brücke muß dort hinten liegen."

Pete fuhr langsamer und hielt seine Hand hinaus, um eine Linkskurve anzuzeigen.

„Bitte!" Meine Stimme klang rauh. „Halt hier nicht an. Fahr weiter."

Der Kumpel, der das Schild gesehen hatte, drehte sich nach mir um. „Das Schild zeigte aber doch dorthin."

„Ich weiß. Ich — ich möchte einfach noch ein paar Blocks in dieser Richtung fahren, das ist alles."

Jeder im Wagen blickte jetzt auf mich. „Ich dachte, ich hätte etwas wiedererkannt", sagte ich.

Pete zuckte die Achseln und richtete die Räder aufs Weiterfahren geradeaus. „Wieviel weiter?" fragte er und fuhr langsam geradeaus.

Mein Herz hämmerte zu stark, als daß ich sprechen konnte. Einen Block vor uns, an meiner Seite an der Ecke war das weiße Nachtcafé mit dem roten Dach. Die Neonbuchstaben über der Tür waren im hellen Tageslicht ausgeschaltet, aber das Bierzeichen flackerte noch im rechten Fenster.

Dort war der Fußweg, wo ich neben dem Mann ging, der mich nicht sehen konnte. Da war der Telefonmasten, wo ich so lange gestanden hatte... wie lange? In welcher Art von Zeit und in welcher Art Körper?

„Stop!" schrie ich. Denn Pete fuhr an dem kleinen Restaurant vorbei.

Pete fuhr an den Randstein, und wieder wurde ich der erstaunten Blicke der anderen gewahr. Es war eine ausgesprochen normale Straße wie Dutzende anderer, die wir gefahren waren, seit wir Richmond verlassen hatten.

„Ich dachte, du bist niemals in Mississippi gewesen?" sagte Pete.

Meine Hand schwitzte an dem Türgriff. Ich sehnte mich danach, aus dem Wagen zu springen, über die Straße zu dem Telefonmasten zu laufen, das Halteseil zu ergreifen, es zu packen und zu schütteln. Die Tür zum Café zu öffnen und hineinzugehen und zu beobachten, wer mich darin bemerken würde. Eine Frage zu stellen. Wie spät ist es? Irgend etwas, nur um meine Stimme zu hören und die Antwort von einem anderen.

Ich ließ den Griff los und zwang meine Augen, von dem weißen Café dort an der Ecke wegzusehen.

„Ich dachte dasselbe", sagte ich.

Was konnte ich sonst sagen? Daß ich in einer Nacht hier war, als ich auch in einem Lazarettbett in Texas gelegen hatte?

Pete riß das Steuer ungeduldig herum und folgte den Zeichen zurück und auf kurvenreicher Straße hinauf zur Brücke. Aber auf der Landkarte auf meinem Schoß verfolgte mein Finger eine Linie: Abilene, Texas — über Arkansas — über Louisiana... eine gerade Linie nach Osten von Abilene nach Vicksburg, Mississippi. Als wir über die breite braune Wassermasse fuhren, rief eine Stimme in mir:

Es war also hier. Vicksburg, Mississippi. Hier war es, wo ich bei dem zielstrebigen körperlosen Flug anhielt. Hier hielt ich an und dachte nach und kehrte um...

XII

Dieses Mal blieb ich nur zwei Wochen in Camp Barkeley. Die Soldaten, mit denen ich ausgebildet worden war, waren natürlich nicht mehr da, sie waren an die Kriegsfronten überall in der Welt hingeschickt worden, und weitere Zugladungen mit Rekruten waren gekommen und seitdem auch wieder gegangen. Auf Grund meiner kurzen medizinischen Ausbildung wurde ich dem medizinischen Verwaltungskorps zugeschrieben und in einen Dachverband gesteckt, um auf mein Überwechseln in ein Feldlazarett zu warten. In der Zwischenzeit war die Routine in Camp Barkeley die gleiche wie für jeden anderen auch: marschieren, zehn Stunden am Tag, in dem in den Augen stechenden und den Hals verkleisternden Staub.

In der ersten freien Stunde ließ ich mich im Auto zum Krankenhaus mitnehmen und suchte Leutnant Irvine. „Dumme Panne", sagte sie, als ich ihr von meinem armseligen Auftritt im Medizin-College erzählte. „Sie waren einfach noch nicht in Ordnung, wissen Sie, als Sie von hier fortgingen. Sie werden es das nächste Mal besser machen, nach dem Krieg."

Sie schien so voller Vertrauen in meine Person, daß ich ihr nicht erzählte, was der Seminarleiter gesagt hatte. Ich wünschte, ich hätte ihr von der Fahrt durch Vicksburg erzählen können, und wie ich dort das Café sah, wo ich stand, als mein Körper auf dieser Krankenhausstation lag. Aber meine unglücklichen Versuche, die Erlebnisse Marguerite zu beschreiben, hatten mich etwas gelehrt. Das Erzählen von den Ereignissen jener Nacht hatte eine sonderbare Kraft — eine Kraft, die Gott nutzen konnte. Aber es mußte zu seiner Zeit sein, wie es mit Mutter gewesen war, in unserem Wohnzimmer, an dem Abend, als ich nach Richmond zurückgekehrt war. Es war nicht etwas, über das ich einfach verfügen konnte, um in eigener Entscheidung darüber zu sprechen. Dann, so hatte ich es mit Marguerite erlebt, würde ich alles total vermasseln.

Früh im November wurde ich nach Camp Rucker, Alabama, gesandt, um im 123. Einsatzlazarett als medizinisch-technischer Assistent ausgebildet zu werden. In Europa war eine große Schlacht im Gange, und Einheiten wie die 123. wurden zusammengestellt, um so schnell, wie die Leute zusammenkommen konnten, an die Front geschickt zu werden. Ich bekam nur einen Urlaubsschein für ein Wochenende, unmittelbar vor dem Erntedankfest, um eilig von Alabama nach Virginia zu reisen und Marguerite und meiner Familie einen kurzen Besuch abzustatten. Mutter erwartete immer noch, daß Vater zu Weihnachten zu Hause sein würde, und jetzt konzentrierten sich all meine Hoffnungen darauf, ihn zu sehen, bevor ich selbst nach Frankreich fuhr.

Die 123. bestieg den Zug in Camp Rucker am Weihnachtsabend 1944 mit dem Ziel Camp Kilmer, New Jersey, und der Einschiffung. In jener Nacht, während des Versuchs, in aufrechter Stellung zu schlafen, gingen meine Gedanken ständig zurück zum letzten Weihnachtsabend, an dem ich in einem Krankenhausbett mit Schmerzen in meiner Brust und einer Erinnerung an die liebevollste Gegenwart, die ich jemals gekannt hatte, erwachte.

Wo war er in dem Jahr seitdem gewesen, dieser Jesus, dem ich begegnet war? Er konnte sich doch nicht verändert haben oder irgendwo hingegangen sein — dieses Licht hatte für meine Begriffe alles viel zu sehr durchdrungen, als daß ich mir vorstellen konnte, daß es irgendeine Zeit oder einen Ort geben könnte, die oder den er nicht ausfüllen würde. Aber das war schlichtes Kopfwissen. Warum bestimmte er jetzt nicht mehr mein Handeln? Du hattest erwartet, so sagte ich mir selbst, daß jeder, der, so wie ich, diese Erfahrung gemacht hatte, jeder, der auch nur einen dunklen Schimmer von der Liebe gesehen hatte, die hinter diesem Universum war, sich nicht mehr aufregen könnte über die äußeren Dinge, die passierten.

Aber ich tat's. Schrecklich! Mich wurmte der prahlerische Feldwebel, der jetzt drei Reihen vor mir saß, und der Geruch seines schwarzen Stumpens, der den Waggon erfüllte. Es störte mich, wenn die Männer in der 123., die meist Nordstaatler aus den großen Städten waren, sich über meinen südlichen Akzent und die Kleinstadtideen lustig machten. Anstatt jetzt in der Lage zu sein, diese Dinge einfach abzuschütteln, fand ich, daß sie mich noch mehr störten als je zuvor.

Gegen Morgen stand der Zug lange Zeit irgendwo auf einer dunklen Bahnstrecke. Daneben verlief eine Straße; gelegentlich sah ich Autoscheinwerfer, die vor uns eine Brücke überquerten. Eine Winterdämmerung brach an, und ein dicker Kloß bildete sich in meinem Hals. Wir waren auf dem Acca-Rangierbahnhof, kurz vor Richmond, Virginia, weniger als eine Meile von meinem Zuhause! Dort war der große Lokomotivschuppen der alten Fredericksburg- und Potomac-Eisenbahn, wo Papa Dabney mich hergebracht hatte, um die Züge beobachten zu können. Und die Brücke! Ich muß sie mit meinem Fahrrad tausendmal auf der Straße zwischen meinem Elternhaus und Moss Side überquert haben.

Es war Weihnachtsmorgen, und meine Familie war nur eine Meile entfernt auf der anderen Seite von diesen Straßen. Das Heimweh, das ich niedergekämpft hatte, stieg in mir auf wie eine Flut. Ich dachte nach, ob Henry und Bruce Gordon schon auf waren — sie waren immer die ersten am Weihnachtsmorgen. War Vater gestern nach Hause gekommen? Nachdem wir in einem Weltkrieg Tausende von Meilen getrennt lebten, waren wir in diesem Augenblick womöglich nur eine Meile voneinander entfernt?

Gegen 7 Uhr gab es einen Ruck, die Räder quietschten, und der Zug setzte sich in Bewegung. Mal schnell, mal langsam, und dann mal wieder ein Halt, es dauerte den ganzen Tag, bis wir Camp Kilmer erreichten, das längste Weihnachtsfest meines Lebens.

Von einem Telefonhäuschen irgendwo auf dem Camp sprach ich mit meiner Familie. Vater war zu Hause; er war am Heiligabend in Richmond angekommen. Natürlich war der Tag meiner Abreise nicht bekannt gewesen, aber am 28. gaben sie für 24 Stunden Urlaubsscheine aus. Die Zeit reichte nicht, um bis nach Richmond zu fahren, aber ich konnte es bis nach Washington und zurück schaffen.

Und darum nahm meine Familie einen Zug von Richmond nach Washington, und ich nahm einen von New Jersey dorthin. Ich sah sie, noch bevor der Zug anhielt, wie sie auf dem Bahnsteig der Union Station von Washington warteten, obwohl es einen Moment dauerte, bis ich den grauhaarigen Mann, der neben meiner Mutter stand, erkannte. Vaters Haar war noch schwarz gewesen, als er nach Europa fuhr. Sein Haar und die Falten in seinem Gesicht sprachen von dem, was er durchgemacht hatte; er selbst sprach nur von fröhlichen Dingen: wie gut seine Familie aussähe, wie sehr ich die schöne Landschaft Frankreichs genießen würde. Wir hatten eine halbe Stunde Zeit, saßen auf einer Bank in einem überfüllten Warteraum. Dann wurde mein Zug zur Rückfahrt angesagt, und ich winkte aus dem Fenster, bis ich sie in der Menge anderer zum Scheiden Verurteilter verlor.

XIII

Das 123. Einsatzlazarett wurde am Neujahrstag 1945 auf die SS Brasil verladen, während das Rote Kreuz am Pier Doughnuts verteilte und die Kapelle „My Mama Done Tol' Me" spielte. Nach drei Tagen stieß der Konvoi auf einen wilden Nordatlantik-Sturm. Die 123. war auf dem obersten Deck des Schiffes untergebracht, genau unter der Brücke des Kapitäns. Aber so hoch wir dort auch waren, zwei Tage lang klatschten die Wellen gegen die Wände, und das Wasser sickerte durch die Ritzen. Unter diesen Bedingungen schienen hartgekochte Eier die einzige Nahrung zu sein, die die Küche nach oben schicken konnte, aber die meisten von uns waren sowieso viel zu seekrank, um essen zu können.

Trotz des Sturmes waren anscheinend U-Boote in dem Gebiet. Viele spannungsgeladene Stunden saßen wir in unserer wie verrückt schaukelnden Schlafkoje, hochübereinandergestapelt, und lauschten in die Tiefe, wie die Geschosse von den unteren Decks abgefeuert wurden und tief unter uns im Wasser explodierten. Während ich in die angespannten Gesichter um mich her blickte, entdeckte ich zweierlei in meinen eigenen Gefühlen. Über die Aussicht, torpediert zu werden und die Rettungsboote in dem eisigen Sturm besteigen zu müssen, war ich genauso erschrocken wie der nächste Kumpel. Der Prozeß des Sterbens, der Schmerz und die Panik, waren genauso furchterregend, wie sie immer gewesen waren.

Aber was den Tod selber betraf, empfand ich nicht nur keine Angst, sondern ich entdeckte, daß, wenn er kommen würde, ich bei ihm sein würde! Ich würde außerhalb dieser schrecklichen Welt sein, wo Menschen einen Ozean überquerten, um andere Menschen zu töten, und wo sogar unter uns sehr wenig Liebe vorhanden war.

Um 4 Uhr morgens am 16. Januar ging die SS Brasil in einem dichten Nebel außerhalb des französischen Hafens Le Havre vor Anker. Mit zunehmendem Licht drängten wir uns an die Reling, um einen ersten Blick von Europa zu erhaschen. Langsam hob sich der graue Nebel: zusammengedrückte Stahlklumpen, die einst Schiffe gewesen waren, eine einzelne Wand, wo ein Block von Häusern gestanden hatte — keine Wochenschau hatte mich auf den ersten Anblick einer zerbombten Stadt vorbereitet.

Der Hafen war zu sehr verkeilt mit Schiffstrümmern, als daß unser Schiff näher heran konnte, und wir wurden in einem kleinen Boot an Land gebracht, marschierten anschließend zu einer Reihe offener Lastwagen, die für den Transport zum Camp Lucky Strike bereitstanden, einem Stützpunkt, ungefähr 60 Meilen im Inland entfernt. Ein Schneefall von ungefähr fünf Zentimetern verwandelte sich unter unseren trampelnden Stiefeln hinten auf der Ladefläche blitzschnell in Eis. Die meisten der Soldaten verkrochen sich hinter den Seitenbrettern des Lastwagens, um dem alles durchdringenden Wind zu entgehen. Aber ich stand wie versteinert, als wir uns durch die Stadt arbeiteten und an ausgebrannten Häusern vorbeifuhren, wo Fetzen von hellen Tapeten im Wind flatterten. Ich dachte immer wieder an Vater mit seinen Gesichtsfalten und dem grauen Haar und verstand jetzt besser, was es um die Invasion gewesen war.

In Lucky Strike stellten wir unsere Zelte auf und saßen dann auf unseren Feldbetten und versuchten, durch Reibung etwas Gefühl in unsere Füße zurückzubekommen. Am nächsten Morgen standen wir in der Essensschlange, als ein Jeep in das Camp raste und der Fahrer irgend etwas über ein Zugunglück brüllte. Wir drängten in jedes einsatzbereite Fahrzeug und hörten auf dem Wege Einzelheiten des Vorgangs. Es waren die amerikanischen Truppen unserer eigenen SS Brasil, die in diesem Zug waren; Sabotage wurde vermutet.

Anscheinend war unsere Einheit vom obersten Deck zuerst ausgeschifft worden und die einzige, die auf der Straße nach Camp Lucky Strike transportiert worden war. Der ganze Rest des Schiffes, mehrere tausend Soldaten, war den ganzen Tag über bis in den Abend auf den Zug verladen worden mit kleinen französischen Gepäckwagen, die so gebaut waren, daß sie entweder 40 Menschen oder 8 Pferde befördern konnten. Es war nach Mitternacht, bevor sie alle im Zug waren und die langsame Fahrt über das defekte französische Schienensystem begann. Als sie sich einer Station in der Nähe von St.-Valery-en-Caux näherten, wurde der Zug auf geheimnisvolle Weise auf ein wenig benutztes Seitengleis geleitet, das vor dem Stationsgebäude endete. Der Zug fuhr in voller Fahrt in die Ziegelwand des Gebäudes.

Ich hatte solch eine Szene von einem Blutbad nie zuvor gesehen oder mir vorgestellt. Einige der Männer waren sofort tot, weit mehr waren in den Trümmern eingeschlossen und schrien um Hilfe. Wir stiegen über abgerissene Arme und Beine, kämpften mit den Metalltrümmern, die uns abhielten, unsere Schiffskameraden zu erreichen. Ich war einem Hauptmann zugeordnet worden und arbeitete in einem improvisierten Erste-Hilfe-Zelt. Aber unsere medizinischen Vorräte waren noch nicht aus dem Schiff ausgeladen; eine lange Zeit hatten der Arzt und ich nur eine Verbandsschere, eine Nadel mit Zwirn und ein paar Morphiumspritzen für den Notfall.

Zum erstenmal in meinem Leben war ich menschlichem Leid in einem solch großen Maße ausgesetzt. Einst hatte ich gedacht, daß ich Menschen in ihren Schmerzen helfen wollte. Aber ich hatte an natürliche Probleme gedacht, wie Papa Dabney und seine Arthritis. Was uns heute begegnete, war das Leiden, das vorsätzlich durch eine Gruppe von Menschen einer anderen zugefügt worden war. Wenn Haß so mächtig werden konnte — wir bereiteten uns ja schließlich darauf vor, ihnen das gleiche zu tun —, wer wünschte dann noch, in solch einer Welt zu leben?

Am Ende jenes bedrückenden Tages, als der letzte Verwundete mit dem Krankenwagen in das nächste Krankenhaus gebracht worden war, ertappte ich mich dabei, wie ich über der Tatsache brütete, daß anderen erlaubt worden war, dieses Leben zu verlassen, während ich dazu verdammt war, zu bleiben. Ich hatte Kameraden meines Alters an diesem Tag sterben sehen und, abgesehen von ihrem Leiden, empfand ich ein Stückchen Neid ihnen gegenüber. Warum war unsere Einheit die einzige, die nicht in diesem Zug war?

Diese Frage kam in den folgenden Wochen immer wieder und quälte mich, als ich ein um das andere Mal entdeckte, daß ich nur ein paar Zelte, ein paar Meter, einige Schritte von dem Sprung in seine Gegenwart entfernt war, was wir körperlichen Kreaturen als Tod bezeichnen. Die 123. wurde von Camp Lucky Strike nach Rethel, Frankreich, 350 Meilen östlich verlegt, wo wir im Dienst für die Truppen der Kampfzonen standen. Wir errichteten unsere Zeltstadt — Lazarett, Schlafquartiere, Speisezelt — auf dem Gelände eines verlassenen Gutshofs, dessen hohe Fenster zerbrochen und dunkel waren. Das Unkraut wuchs auf der Zufahrtsschleife.

Und während wir uns dort um die Verwundeten und Sterbenden mühten, wurde mein Verlangen nach dem Tode zur Qual. Ich sah die Tatsache des Überlebens als ein Gericht mir gegenüber an, eine Ablehnung meiner selbst von der Person, deren Liebe mir alles bedeutete.

An einem Nachmittag saß ich auf einem Baumstumpf hinter dem Gutshof und bat wieder einmal, in Jesu Gegenwart kommen zu dürfen, als ein Hauptfeldwebel durch den Garten gelaufen kam. ,,Auf die Füße, Soldat!" schrie er. ,,Ein Feldwebel der Luftwaffe im C-Zelt war verdammt nah dran, sein Knie weggerissen zu bekommen."

Im C-Zelt entdeckte ich ihn sofort: eine Luftwaffenjacke lag auf dem Kasten am Fußende, und als ich sie sah, geriet mein ganzer Körper in Spannung. Drei Streifen oben und drei Streifen unten und ein Diamant in der Mitte: der Kerl war nicht nur ein Feldwebel, er war ein Hauptfeldwebel, und jeder Hauptfeldwebel, den ich kannte, führte schmutzige Reden, war kleingeistig, ein Maulheld.

,,Hallo! Mein Name ist Jack Helms. Und wie heißen Sie?"

Der mich da von seinem Feldbett mit glasigen Augen und unter starkem Einfluß von Schmerzen und Morphium anschaute, war ein junger Mann ungefähr in meinem Alter. Offensichtlich hatte er starke Schmerzen; aber als ich ihm meinen Namen genannt hatte, wollte er eine Menge anderes über mich wissen, wo ich herkam, was ich gern tat, ob ich Geschwister hätte. Das Gespräch helfe ihm, sich von den Schmerzen abzulenken, sagte er.

Obwohl er mich gefragt hatte, merkte ich plötzlich, als ich seine Kleider wechselte, daß auch ich ihm Fragen stellte. Er erzählte mir, daß er aus El Dorado, Arkansas sei, daß er in einem Restaurant dort als Kellner gearbeitet habe. An jenem Morgen war der Jeep, den er gefahren hatte, auf eine Landmine gestoßen; glücklicherweise war er der einzige Verletzte.

Ein Doktor kam, um die Wunde zu untersuchen und mir Anordnungen zu geben, wie ich sie sauber zu halten hatte. Nachdem ich getan hatte, was er mir sagte, gab es keinen Grund mehr zu bleiben, aber ich ging einfach nicht fort. Da war irgend etwas mit diesem Jack — er wollte nicht ,,Feldwebel" genannt werden — etwas, das einen anzog. Er erinnerte mich an irgend jemanden, aber ich konnte nicht feststellen, an wen. Er war ein großer, gut aussehender Bursche mit einem stark gebräunten Gesicht und dunklen braunen Augen; aber es war sein Lächeln, das unvergeßlich war. Es teilte sein Gesicht von einem Ohr zum anderen und umschloß einen und das große grüne Zelt und das ganze schlammige Transportlazarett in einer Glut von Dankbarkeit.

Ich hatte schon Knieverletzungen behandelt, und ich wußte, daß sie schmerzhaft blieben. Aber Jack erwähnte das nie. Er schien mehr an meinen Problemen interessiert zu sein, als an seinen eigenen. Als er alles über das Fiasko am Medizincollege erfuhr, riet er mir mit Feuereifer, zur Schule zurückzugehen, gleich nach dem Krieg, und es noch einmal zu versuchen. Er sprach nur noch über meine große Zukunft als Arzt.

Als ich ihm von dem Kerl erzählte, der mich von der Schule fernhalten wollte, setzte sein breites Sonnenbrandlächeln wieder ein. „Die Leute reden eine Menge dummes Zeug. Wenn meine Vermutung stimmt, wird er nicht einmal mehr an der Schule sein, wenn Sie zurückkommen."

Als ein medizinisch Technischer schloß mein Beruf alles ein, vom Servieren der Tabletts und Bettpfannen bis zum Spritzen und den Botengängen zum PX-Supermarkt. Wie die anderen medizinisch Technischen hatte ich ganz schön Zeit dafür investiert, wenn meine Schicht zu Ende war. Zu meiner Überraschung entdeckte ich jetzt, daß ich länger blieb, extra Stunden richtig arbeitete. Wer war es, an den mich Jack erinnerte, und warum fühlte ich mich so wohl, wenn ich mit ihm zusammen war?

Ich war neugierig, als an seinem zweiten Tag im Lazarett ein Hauptmann der Luftwaffe erschien und nach dem Feldwebel Helms fragte. Im strengen Kastensystem des Militärdienstes hatten Offiziere und gewöhnliche Soldaten wenig außerdienstlichen Kontakt. Als ich ihn jedoch in das C-Zelt begleitete, setzte sich der Hauptmann auf das Fußende von Jacks Feldbett und plauderte mit ihm eine halbe Stunde. Jack erzählte mir später, daß dies der Offizier war, den er in ihrem Jeep gefahren hatte, den die Mine erwischte und umwarf. „Darum ist es nur natürlich, daß er sich um mich kümmert."

Ich entdeckte bereits, daß das Verhalten, das um Jack herum „natürlich" war, sich in irgendeiner Weise von dem gewöhnlichen Verhalten unterschied. Was mich bei den fortgesetzten Besuchen des Hauptmanns am meisten beeindruckte, war nicht, wie Jack ihn begrüßte, sondern wie er genauso jeden anderen begrüßte, der anhielt und mit ihm sprach . . . meine Person eingeschlossen. Jack schien keinen Unterschied zwischen dem Hauptmann und dem Stabsarzt zu machen, der sein Knie operierte, oder gegenüber dem gewöhnlichen medizinisch Technischen, der seine Bettücher wechselte.

Binnen einer Woche humpelte Jack im Gips umher, und nun konnten wir, sooft ich frei hatte, miteinander spazieren gehen. Zunächst wählten wir einfach auf dem Grundstück des Gutshofes unseren Weg durch das Unkraut, wo früher ein versunkener Garten angelegt war, danach gingen wir auf die Straße, die nach Rethel führte. Angeblich half ich einem verwundeten Mann der Luftwaffe auf seinem Weg zur Genesung. Aber ich bemerkte, und ich vermute, Jack tat es auch, daß sich die größere Heilung in mir vollzog.

Auf diesen Spaziergängen sprachen wir über alles, Schule, Kindheit, Karriere, und in mir wuchs fortwährend der Eindruck, daß ich Jack Helms schon vorher gekannt hatte. Er war ein echter Nachfolger Jesu, begriff ich, evangelisch, obwohl er mit der katholischen Familie, die ihn adoptiert hatte und ihm alle erdenkliche Liebe erwies, in deren Kirche ging. Und plötzlich, eines Tages, ohne daß ich das weitere Gespräch suchte, genau wie damals bei meiner Stiefmutter, entdeckte ich mich dabei, ihm von der Nacht zu erzählen, in der ich aus dem Lazarettkino kam und den Krankenpfleger um einige Aspirin bat. Und so, wie ich es vorher erlebt hatte, die Worte waren ganz einfach da. Ich erzählte ihm alles: die Krankenwagenfahrt zur Röntgenabteilung, das Erwachen in einem fremden, kleinen Raum, wie ich einen anderen in meinem Bett fand, meinen Gang auf der Straße in Vicksburg, Mississippi, von dem Versuch, einen Passanten zum Zuhören zu bewegen.

Es war das zweite Mal, daß ich in der Lage war, von meinem Erlebnis zu erzählen. Die Verwunderung, die sich in Jacks Gesicht widerspiegelte, sagte mir, daß er nie zuvor etwas gehört hatte, das im entferntesten dem glich, was ich beschrieb. Sein Gesichtsausdruck zeigte mir auch, daß er nicht den geringsten Augenblick an dem zweifelte, was ich sagte. Ich beschrieb das Licht, das die kleine Schlafkammer betreten hatte, wie mein ganzes Leben irgendwie gleichzeitig eingetreten war und durch eine Liebe aufleuchtete, wie ich sie niemals... Ich hielt unvermittelt inne und starrte Jack an. Wieder beschlich mich das Gefühl, daß ich ihn vorher schon gekannt hatte. Dieses sonderbare Empfinden, das ich vom allerersten Tag an hatte, in der Nähe eines bekannten Freundes zu sein...

Es war Christus, der mich die ganze Zeit über aus Jack Helms' Augen angeschaut hatte.

Das Angenommen-Sein. Die Fürsorge. Die Freude. Natürlich, ich erkannte das alles! Ich war ihnen im Krankenhauszimmer in Texas begegnet, und jetzt, 5000 Meilen entfernt, traf ich sie wieder, auf einem Hügel in Frankreich. Dieses Mal waren sie nur wie ein Echo, unvollkommen, übertragen durch ein fehlerhaftes menschliches Wesen. Aber schließlich wußte ich jetzt, von wem die Botschaft kam.

So vieles ordnete sich jetzt plötzlich ein, als wir auf der Straße umkehrten und ins Camp zurückgingen. Zum erstenmal sprach keiner von uns. Jack nötigte mich nicht, meine unterbrochene Geschichte weiter zu erzählen; in seiner aufmerksamen Art schien er zu wissen, daß ich in meinem Sinn irgend etwas verarbeitete.

Die Einsamkeit, die ich in diesem Jahr verspürt hatte, die Entfremdung von der Welt und den Dingen um mich herum, war all das nicht das Verlangen, zurückzukehren zu dem Augenblick, als ich in Jesu Gegenwart stand? Aber kannst du ihn jemals finden, so fragte ich mich, als wir den Hügel hinaufstiegen, indem du rückwärts gehst? Das Wesen der Person, der ich begegnet war, war ihr „Jetzt-Sein". Er war überwältigend und überall gegenwärtig, so daß eigentlich keine andere Zeit außerhalb von ihm existieren konnte. Es war nicht gut, so erkannte ich plötzlich, wenn ich nach ihm in der Vergangenheit suchte, wenn auch die Vergangenheit nur 15 Monate zurücklag. An jenem Nachmittag auf der Straße von Rethel wußte ich, daß, wenn ich die Nähe Christi zu fühlen wünschte — und ich wünschte dies mehr als alles andere —, dann mußte ich sie in den Menschen finden, die er an jedem Tag vor mich stellte.

Wir hatten das Gutshofsgelände erreicht, als diese Gedanken durch meinen Kopf wirbelten. Wir gingen von hinten hinein; dort war der Baumstumpf, auf dem ich gesessen hatte vor nur etwas mehr als zwei Wochen, und ich hatte dort gebetet, daß mir zu sterben erlaubt würde. Und plötzlich wußte ich etwas anderes, an diesem Tage neuer Erkenntnisse.

Das Gebet war beantwortet worden.

Auf eine Weise, wie ich es niemals gedacht hatte, war ich in der Tat gestorben. Zum erstenmal nach vielen Monaten hatte ich mein Selbstmitleid, meine Selbstbeschuldigung beiseite gelegt — alle Gedanken, die auf irgendeine Weise um mich kreisten —, um mich für jemand anders ganz einzusetzen. Jacks Verletzung und seine Heilung waren einzig und allein während der letzten beiden Wochen in meinem Sinn gewesen; vor lauter Sorge um ihn hatte ich mich selbst aus dem Auge verloren.

Und indem ich mich selbst verlor, hatte ich Christus entdeckt. Es war seltsam, dachte ich: Ich hatte auch in Texas zu sterben, um ihn zu sehen. Ich fragte mich, ob wir immer zu sterben hatten, zumindest irgendein widerspenstiger Teil von uns, bevor wir mehr von ihm erkennen konnten.

Jack blieb nur noch eine Woche im Lazarett, bevor er zu seinem

Luftwaffenstützpunkt zurückkehrte, aber in jener Woche befestigten wir eine Freundschaft, die 30 Jahre angehalten hat. Da er heute in Malibu Beach, Californien, lebt und ich in Charlottesville, Virginia, sehen wir uns nicht allzu oft, aber jeder Besuch nimmt die Verbindung so frisch auf, als ob wir gerade auf der Landstraße in Frankreich gebummelt wären.

Das war für mich der Anfang, jener Spaziergang über Land, der Augenblick, als ich anfing, das Erlebnis in der Nähe des Todes in Barkeley, Texas, in das ganze restliche Leben zu integrieren. Der erste Schritt, so erkannte ich, bedeutete, mit dem Versuch aufzuhören, jene außerweltliche Vision von Jesus wieder einfangen zu wollen und ihn statt dessen in den Gesichtern über dem Eßtisch zu suchen.

Das war nicht leicht für einen jungen Soldaten, der sein ganzes Leben in einer kleinen Stadt im Süden verbracht hatte. Römisch-Katholische, Juden, Neger — ich war in dem Verständnis aufgewachsen, daß diese Menschen nicht nur anders waren als ich, sondern auch nicht so gut wie ich. Und darum hatte Jesus mich in seiner Gnade in die 123. gesteckt. Er ließ mich mit Jack beginnen, denn Jack war leicht zu nehmen; man konnte Christus in Jack erkennen. Aber das war lange bevor ich Jesus in dem Juden aus New York, dem Italiener aus Chicago, in dem Schwarzen von Trenton sah.

Ich entdeckte noch etwas anderes, was mich zunächst verwirrte. Je mehr ich es lernte, Christus in anderen Menschen zu sehen, desto weniger wurde ich von dem Tod und dem Leiden, mit denen es unsere Einheit zu tun hatte, bedrückt. Normalerweise schien es genau entgegengesetzt zu sein, je mehr ich Liebe zu den Menschen verspürte, desto schwerer war es, sie in ihren Schmerzen zu sehen. Es wurde natürlich niemals leicht, aber es wurde irgendwie... erträglicher, und wieder wurde ich in meinem Denken zurückgeführt zu dem Texaserlebnis.

Ich erkannte, daß ich die Erinnerungen verschönert hatte, wenn ich nur in der Freude seiner Gegenwart verweilte. Aber, wenn ich mich ehrlich daran erinnerte, dann war in dem „anderen Reich" vieles andere gewesen, das, offen gesagt, scheußlich war, Szenen des Todes, Kampfes, die sogar schlimmer waren als die in den Zugtrümmern von St.-Valery. Ich hatte mir selbst eingeredet, daß ich wünschte, diese Erde verlassen zu können, weil ich einen besseren Ort kennengelernt hatte. Aber ich fing an festzustellen, daß dies nicht zutraf: die kommende Welt, die ich flüchtig gesehen hatte, war beides! unendlich heller als diese und unendlich wilder und schrecklicher.

Warum hatte nicht die schlechte Seite jener Welt meinen Geist bedrängt — wie das die negativen Seiten dieser Welt getan hatten?

Ich hatte angefangen, die Bibel zu lesen, hinten in meinem Zelt, und eines Tages kam ich an einen Psalm, der mir zu helfen schien. „Führe ich gen Himmel“, las ich in Psalm 139, „so bist du da. Bettete ich mich in die Hölle, siehe, so bist du auch da.“ Natürlich, das war die Antwort: Jesus war dort gewesen, in jenen Szenen der Hölle. Es war sein Licht, sein Mitleid, in welchem ich das Schreckliche sah, und auch den Hoffnungsschimmer, sogar in der Hölle.

Als im Mai 1945 der Krieg in Europa zu Ende ging, kam die 123. mit den Besatzungstruppen auch nach Deutschland. Ich gehörte zu einer Gruppe, die in ein Konzentrationslager in der Nähe von Wuppertal abgeordnet wurde und hatte den Auftrag, medizinische Hilfe für die erst kürzlich befreiten Gefangenen zu bringen, von denen viele Juden aus Holland, Frankreich und dem östlichen Europa waren. Dieses war die erschütterndste Erfahrung, die ich je gemacht hatte; bis dahin war ich viele Male dem plötzlichen Tod und der Verwundung ausgesetzt gewesen, aber die Wirkung eines langsamen Hungertodes zu sehen, durch jene Baracken zu gehen, wo Tausende von Menschen Stückchen für Stückchen über mehrere Jahre gestorben waren, all das war eine neue Art von Horror. Für viele war es ein unwiderruflicher Prozeß. Wir verloren Dutzende täglich, obwohl wir sie schnellstens mit Medizin und Nahrung versorgten.

Jetzt brauchte ich meine neue Erkenntnis, in der Tat. Wenn es so schlimm wurde, daß ich nicht mehr handeln konnte, tat ich das, was ich gelernt hatte zu tun. Ich ging von einem Ende zum anderen in dem Stacheldrahtverhau und schaute in die Gesichter der Menschen, bis ich feststellte, daß das Gesicht Christi mich anblickte.

Und so lernte ich Wild Bill Cody kennen. Das war nicht sein eigentlicher Name. Sein wirklicher Name hatte sieben unaussprechliche polnische Silben, aber er hatte einen lang herunterhängenden Lenkstangenbart, wie man ihn auf Bildern der alten Westernhelden sah, so daß die amerikanischen Soldaten ihn Wild Bill nannten. Er war einer der Insassen des Konzentrationslagers, aber offensichtlich war er nicht lange dort gewesen: seine Gestalt war aufrecht, seine Augen hell, seine Energie unermüdlich. Da er sowohl Englisch, Französisch, Deutsch und Russisch als auch Polnisch fließend sprach, wurde er eine Art inoffizieller Lagerübersetzer.

Wir kamen zu ihm mit allen möglichen Problemen; der Papierkram alleine hielt uns oft auf bei dem Versuch, Leute zu finden, deren Familien, ja sogar ganze Heimatorte möglicherweise verschwunden waren. Aber obwohl Wild Bill 15 oder 16 Stunden täglich arbeitete, zeigten sich bei ihm keine Anzeichen von Ermüdung. Während wir übrigen uns vor Müdigkeit hängen ließen, schien er an Kraft zu gewinnen. ,,Wir haben Zeit für diesen alten Kameraden", sagte er. ,,Er hat den ganzen Tag auf uns gewartet." Sein Mitleid für seine gefangenen Kameraden strahlte aus seinem Gesicht, und zu diesem Glanz kam ich, wenn mich der Mut verlassen wollte.

Ich war darum sehr erstaunt, als ich die Papiere von Wild Bill eines Tages vor mir liegen hatte, daß er seit 1939 im KZ gewesen war! Sechs Jahre lang hatte er von derselben Hungertoddiät gelebt, und wie jeder andere in derselben schlecht gelüfteten und von Krankheiten heimgesuchten Baracke geschlafen, dennoch ohne die geringste körperliche oder geistige Verschlechterung. Noch erstaunlicher war vielleicht, daß jede Gruppe im Camp ihn als einen Freund betrachtete. Er war derjenige, dem Streitigkeiten zwischen den Insassen zum Schiedsspruch vorgelegt wurden. Erst nachdem ich wochenlang dort gewesen war, erkannte ich, welch eine Rarität dies in einem Gelände war, wo die verschiedensten Nationalitäten von Gefangenen einander fast so sehr haßten, wie sie die Deutschen haßten.

Was die Deutschen betraf, stiegen die Gefühle gegen sie in einigen der Lager, die etwas früher befreit worden waren, so hoch, daß frühere Gefangene sich Gewehre geschnappt hatten und in das nächste Dorf gerannt waren und einfach den ersten Deutschen, den sie sahen, erschossen hatten. Es war ein Teil unserer Instruktionen, diese Dinge zu verhindern, und wieder war Wild Bill unser größter Aktivposten, wenn er mit den verschiedenen Gruppen vernünftig redete und ihnen riet, Vergebung zu üben.

,,Es ist nicht leicht für sie, zu vergeben", erklärte ich ihm eines Tages, als wir im Zentrum für alle Abwicklungen mit unseren Teetöpfen beieinander saßen. ,,Viele von ihnen haben ihre Familienangehörigen verloren."

Wild Bill lehnte sich in dem geraden Stuhl zurück und schlürfte sein Getränk.

,,Wir lebten im jüdischen Sektor von Warschau", fing er langsam an. Es waren die ersten Worte, mit denen er mir gegenüber von sich selbst sprach. ,,Meine Frau, unsere zwei Töchter und unsere drei kleinen Jungen. Als die Deutschen unsere Straße erreichten, stellten sie jeden an die Wand und eröffneten mit Maschinengewehren das Feuer. Ich bettelte, daß sie mir erlauben würden, mit meiner Familie zu sterben, aber da ich Deutsch sprach, steckten sie mich in eine Arbeitsgruppe."

Er unterbrach, vielleicht weil er wieder seine Frau und seine fünf Kinder vor sich sah. „Ich mußte mich dann entscheiden", fuhr er fort, „ob ich mich dem Haß den Soldaten gegenüber hingeben wollte, die das getan hatten. Es war eine leichte Entscheidung, wirklich. Ich war Rechtsanwalt. In meiner Praxis hatte ich zu oft gesehen, was der Haß im Sinn und an den Körpern der Menschen auszurichten vermochte. Der Haß hatte gerade sechs Personen getötet, die mir das meiste auf der Welt bedeuteten. Ich entschied mich dafür, daß ich den Rest meines Lebens — mögen es nur wenige Tage oder viele Jahre sein — damit zubringen wollte, jede Person, mit der ich zusammenkam, zu lieben."

Jede Person zu lieben... das war die Kraft, die den Mann in allen Entsagungen so wohl erhalten hatte. Es war die Kraft, die mir zuerst im Krankenzimmer von Texas begegnet war, und, das lernte ich Stück für Stück, wo Jesus Christus hindurchscheinen wollte — ob der menschliche Träger sich dessen bewußt war oder nicht.

Im Frühling 1946 kehrte ich von meinen Besatzungsaufgaben in Deutschland in die Staaten zurück, und Marguerite und ich heirateten im darauffolgenden Jahr. Als der Augenblick kam, an dem ich ihr mein Texaserlebnis erzählte, geschah es, wie es bei den beiden vorigen Malen gewesen war, ganz natürlich, fast ohne besonderen Einsatz meinerseits, und es trug dazu bei, daß unsere Liebe zueinander wuchs.

In der Zwischenzeit hatte sich Jack Helms Vermutung als richtig bestätigt; der Verwaltungsleiter, der geschworen hatte, mich nicht wieder aufzunehmen, war nicht mehr im medizinischen College von Virginia. Der Mann, der mir zur Hilfe kam, um wieder aufgenommen zu werden, war Dr. Sidney Negus, der Professor, der mir eine Fünf in Biochemie gegeben hatte. Dieses Mal war ich entschlossen, den Fehler, den ich gemacht hatte, nicht noch einmal zu wiederholen. Ich erkannte jetzt, daß meine Schwierigkeiten begannen, wenn ich meinen Blick von Jesus abwandte und auf mich selbst sah. Dieses Mal sorgte ich mich nicht um meine Dummheit und mein schlechtes Zeugnis, und ich kam ohne Schwierigkeiten durch die Schule.

Seit dem Beginn meiner Laufbahn entdeckte ich, was alle Ärzte wissen: Die Medizin hat nicht alle Antworten. Wenn ich um eine Antwort verlegen war, was oft passierte, betete ich für meinen Patienten — leise, für mich — und bat um die Hilfe Jesu, die richtige

Diagnose zu stellen und die richtige Behandlung zu verschreiben. Darüber hinaus entwickelten Marguerite und ich eine Gewohnheit, an jedem Abend für die Patienten zu beten.

Ich fuhr fort, in der Bibel zu lesen. Es war schon lustig, früher erschien mir die Bibel sowohl langweilig als auch schwierig. Seit Texas war sie mir ganz einfach zur wirklichen Beschreibung des Lebens geworden. Als Jesus einigen Fischern am Ufer sagte: „Folget mir", da ließen sie natürlich alles fallen und eilten ihm nach — wer konnte wiederstehen? Als er sagte: „Ich bin das Licht der Welt", war dies einfach eine sichtbare Tatsache.

Auch wenn mein Erlebnis mir die Bibel verständlich machte, dann war es viel mehr die Bibel, die mir half, mein Erlebnis zu verstehen, nachdem ich sie jetzt nach dem Krieg systematisch zu lesen anfing. Im wiederholten Lesen der Aussagen über die Kreuzigung verstand ich schließlich, wo die Gewißheit in Jesu Gegenwart herkam, daß ich trotz der häßlichen Taten, die ich getan hatte, nicht verurteilt war, obwohl sie offen und sichtbar vor uns abgelaufen waren. Es war sein Tod, so lernte ich es, der bereits für all diese Dinge den Preis gezahlt hat, es war das Licht seiner Auferstehung, in dem wir uns befanden.

Warum dieses kosmische Geschehen mich betreffen sollte — ob ich es mir in jenem Gottesdienst mit elf Jahren irgendwie angeeignet hatte? Ich wußte es nicht. Aber während ich die Bibel las, fing ich an zu verstehen, von welch großer Bedeutung unser Leben hier auf der Erde ist, wenn es nach seinem Plan verläuft. Wie entsetzlich falsch war ich doch gelagert auf der SS Brasil, bei St.-Valery in Rethel, mein Leben zu verabscheuen und Jesus zu bitten, mich aus dieser Welt zu nehmen, bevor seine Arbeit in mir vollendet war.

Ich dachte an die erbärmlichen Seelen, die ich in dem ersten nachirdischen Reich gesehen hatte, gefangen in Haß und Lust, fixiert auf die materiellen Dinge, die für alle Zeiten außerhalb ihrer Reichweite sind. Irgendwie hatte niemand von ihnen während der Erdenzeit seine Entwicklung beendet, ob das Leben lang oder kurz gewesen war. Es bereitete mir keine Schwierigkeiten zu glauben, daß einige der Teenager, die ich in Europa in Stücke zerschossen sah, das Ziel bereits erreicht hatten, das Gott ihnen auf Erden gesetzt hatte, sehr gut vorbereitet, um in einen Bereich in seiner Nähe überzuwechseln. Ich war mit Sicherheit nicht fertig gewesen. Mit meinem Egoismus, meinem Vorurteil, meiner Selbstgerechtigkeit — wie konnte ich es wagen, um meinen Tod zu bitten! Hatte ich in meinem Verlangen nach Jesus vergessen, was er mir gezeigt hatte? Das Dahinvegetieren mit den unglücklichsten Wesen, die ich je gesehen hatte, wo jeder auf seiner Überlegenheit in der Vernichtung dem anderen gegenüber bestand ... hatte ich mir ernsthaft eine Ewigkeit in irgendeinem ähnlichen Dasein gewünscht? Würde ich tatsächlich einmal den Punkt erreichen, wo ich von mir selbst sagen könnte, daß ich getan habe, was ich auf Erden tun sollte?

XIV

Es war an einem Winterabend im Jahre 1952 — es mußte Mitte Dezember gewesen sein, denn wir hatten gerade unsere jährliche Weihnachtsfeier in der Richmond Akademie für Medizin hinter uns, der ich seit kurzem angehörte — als ich im Wohnzimmer saß und die Zeitschrift „Life“ las. Die Ausgabe war voll von Anzeigen über Qualitätserzeugnisse von Puten und Schinken, mit fröhlichen Nikolausfiguren auf jeder zweiten Seite, und ich blätterte die Zeitschrift ohne großes Interesse durch, als plötzlich meine Finger wie gelähmt waren.

Auf der Seite, die vor mir lag, sah ich die Zeichnung einer gigantischen kugelförmigen Konstruktion mit einem Querschnitt, der Menschen und Maschinen in ihrem Inneren darstellte. Eine Art fahrbarer Kran war an Stahlträgern befestigt, Turbinen, ein gewaltiges rundes Becken, Treppen, „Katzengänge“, in einer Ecke unten ein kleiner Kontrollraum.

Das, was mein Herz bis zum Hals schlagen ließ, war nicht die fremde, in die Zukunft gerichtete Erscheinung dieser Dinge, sondern die Gewißheit, daß ich all das zuvor gesehen hatte. Allerdings nicht erst vor kurzem. Irgendwie, Jahre zuvor hatte ich davor gestanden. Ich hatte nicht auf eine Zeichnung gestarrt, die dieses großartige Kugelgebäude wiedergab, sondern ich hatte das Ding selbst gesehen. Ich war auch durch die seltsame Einrichtung gegangen; ich hatte gerade jenes Treppenhaus gesehen und in das riesige Wasserbecken gespäht.

Aber ... das konnte doch nicht sein! Als ich den Text überflog, erkannte ich, daß meine Erinnerung mich täuschen mußte:

„In der letzten Woche hat die Kommission für Atomenergie den Schleier des Geheimnisses teilweise gelüftet und den Zeichnern von »Life« erlaubt, eine Skizze von einigen Details des Prototyps des zweiten atomangetriebenen U-Boot-Motors der USA, zusammen mit dem seltsamen Haus, in dem sie sich befindet, anzufertigen. Das Gebäude, das in der Nähe von Schenectady, N. Y., jetzt entsteht, wird der Welt größtes, von Menschenhand gebautes Kugelgebäude sein, ein Zwei-Millionen-Dollar-Projekt mit 70 Metern Durchmesser."

Der Artikel berichtete weiter, daß die Wissenschaftler den U-Boot-Motor innerhalb der Kugel bauen würden, um mögliche radioaktive Verseuchung zu vermeiden und ihn schließlich im großen Wasserbecken zu testen. Verblüfft legte ich die Zeitschrift auf meinen Schoß. Ich war so sicher gewesen, daß ich das ganze Unternehmen schon gesehen hatte, und doch war ich niemals in Schenectady gewesen. Wie dem auch sei, woran ich mich erinnerte, es lag einige Zeit zurück, und dies hier befand sich gerade im Bau. Das, was ich gesehen hatte, war fertig und in Betrieb, obwohl ich niemals eine Vorstellung davon hatte.

Plötzlich erinnerte ich mich. Es war in jenem ruhigen Reich, das einem Campus glich und von Wesen bewohnt wurde, die in Gedanken verwickelt waren, so wie Mönche in ihre Kutten, wo ich 1943 nach irdischer Zeitrechnung stand, und wo ich das gewaltige kugelförmige Gebäude anstarrte, um anschließend durch die verzwickte Einrichtung zu gehen...

Was war das für ein Reich? Auf welche geheimnisvolle Weise stand es in Beziehung zu dem Leben und Denken der Welt, in der ich mich im Jahre 1952 befand, in der ich mit Marguerite im Flur am Telefon sprach und die Weihnachtskarten auf dem Kamin standen? Ich dachte nicht lange darüber nach, lediglich darüber, ob die Philosophen recht haben, wenn sie behaupten, daß gewisse Ideen anscheinend in weit verbreiteten Gebieten dieser Welt von „irgendwo her" gleichzeitig auftauchen. Ich war vorsichtiger geworden, wenn ich meine eigenen überirdischen Gebiete erforschte. Solange Christus mein Führer gewesen war, hatte es nichts zum Fürchten gegeben. Doch seit meiner außerkörperlichen Erfahrung — vor neun Jahren — bin ich Individualisten begegnet, die von der „Geisteswelt" so fasziniert wurden, daß es schien, als hätten sie die Sicht für den Geist selbst verloren.

Das einzige, das mir an jenem Abend, als ich im Wohnzimmer saß, klar wurde, war, daß der Zeitpunkt gekommen war, um weit mehr öffentlich über meine Begegnung mit Christus zu sprechen, als ich es bisher getan hatte. Wenn wir wirklich in das Atomkraft-Zeitalter eintreten, ohne zu wissen, welche Kraft das geschaffen hat, dann ist es nur noch eine Frage von Jahrzehnten, bis wir uns selbst und unsere Erde ebenso zerstört haben. Ich fühlte mich in meinem Auftrag nicht als berufener Geistlicher; es schien mir nur, daß jeder,

der eine Erfahrung mit Gott gemacht hat, auch Verantwortung trägt. Und es muß seine Zeit gewesen sein: Ich, der ich niemals zwei Wörter miteinander verbinden konnte, fand mich vor Jugendgruppen, Clubs, Kirchen sprechen, vor jedem, der auf die Botschaft hören wollte, daß Gott Liebe ist und alles andere die Hölle.

Es war mir natürlich klar, daß dies beruflich gesehen meinen Ruin bedeutete, und ohne Zweifel verlor ich einige Patienten, die nicht willig waren, sich einem „religiösen Fanatiker" anzuvertrauen. Aber es war seltsam, die Menschen, deren Spott ich am meisten fürchtete, waren oft diejenigen, die mich am ehesten akzeptierten. Als ich mich für eine Dauerstellung an der Psychiatrie im Universitätskrankenhaus von Virginia bewarb, riet mir ein Freund, den Mitarbeitern gegenüber meine Erfahrungen nicht zu erwähnen, da er nicht wüßte, wie die anderen das auffassen würden. Die erste Person, mit der ich ein Gespräch hatte, war ausgerechnet Dr. Wilfred Abse, Professor für Psychoanalyse und analytische Psychotherapie in der Abteilung der Psychiatrie, einer der Spitzenkräfte in dem Verband der Psychoanalytiker von Virginia.

Ich war vorher nicht in diesem Büro gewesen, bis ich mit Dr. Abse konfrontiert wurde: „Nun, Dr. Ritchie, wenn ich es recht verstehe, haben Sie das Gefühl, daß Sie dem Christus begegnet sind." Ich sah meine Chancen an der Universität von Virginia im Sande verlaufen. Dr. Abse war Jude, ein Analytiker der Freudschen Schule, und er stelle mir eine direkte Frage, die eine Antwort erwartete. Zwischen zwei Atemzügen wandte ich mich an Jesus, wie ich das schon oft getan hatte: „Herr, was sage ich jetzt?"

Verleugne mich vor den Menschen, die Worte schienen fast hörbar, *und ich werde dich vor meinem Vater verleugnen.*

Zu Dr. Abse sagte ich: „Ich kann genausowenig die Wirklichkeit von dem leugnen, was mir in Barkeley, Texas, begegnete, wie Saul von Tarsus leugnen konnte, was ihm auf dem Weg nach Damaskus begegnete."

Und das war's, so dachte ich, was gegen die Chancen sprach, Psychiater zu werden. Man stelle sich meine Überraschung vor, als ich ein paar Wochen später einen Brief erhielt, in dem mir mitgeteilt wurde, daß ich von dem Prüfungskollegium einmütig angenommen worden war. Jahre später, nachdem Dr. Abse und ich gute Freunde geworden waren, erzählte er mir, daß diese spezielle Unterhaltung in der Tat sehr kritisch gewesen war. „Alle von uns hier oben wußten, daß du behauptest, ein Erlebnis außerhalb des Körpers gemacht zu haben. Wenn du auch nur für einen Moment vorgegeben hättest, daß es nicht geschehen war, hätte ich dich als eine äußerst unzuverlässige Person abgelehnt und wahrscheinlich als eine in ihren Gefühlen gestörte Persönlichkeit beurteilt, die nicht zwischen Tatsachen und Einbildung unterscheiden kann."

Wenn ich natürlich in meinem Sprechzimmer als normaler Psychiater praktiziere, dann erwähne ich nur selten meine persönlichen Ansichten über Gott. Nur im extremen Notfall, so wie es mit Fred Owen war, übertrete ich diese berufsmäßige Zurückhaltung.

„Wissen Sie eigentlich, warum ich an jedem Morgen früh in die Praxis komme?" fragte ich ihn eines Tages, als wir darüber sprachen, welche Wirkung das Texaserlebnis auf mein Leben gehabt hatte. „Bevor die anderen Ärzte und Mitarbeiter herkommen? Es ist deshalb, weil ich diese Zeit dazu benutze, um für jeden Patienten, den ich am betreffenden Tag sehen werde, zu beten. Ich glaube, daß Jesus eine Tagesordnung und einen Fahrplan für jeden von uns hat, und ich bete, daß mit seiner Hilfe der Patient und ich diese gemeinsam entdecken."

Wenn Jesus Fred Owen nur noch Wochen auf Erden gab, anstelle von Jahrzehnten, „dann ist es, weil er weiß, daß Sie Ihre Arbeit hier in Wochen beenden können. Sie können vergeben und können Vergebung empfangen. Sie können sich befreien von jeder Sucht und jedem Zorn — von jedem Gepäckstück, das Sie nicht mit in das Reich nehmen möchten, wo alles Licht ist."

Ich weiß natürlich nicht, was in dem innersten Winkel von Fred Owens Herzen vor sich ging; die Psychiatrie ist im besten Fall auf das beschränkt, was der Patient uns mitteilt. Ich weiß jedoch, daß der Mann, der am 9. Mai 1977 in mein Büro kam, was unser letztes Gespräch sein sollte, eine ganz andere Person war, als der Mann, den ich zum erstenmal im Dezember gesehen hatte. Natürlich war er körperlich gesehen schwächer. Ein Nachbar mußte ihn sogar herfahren, und er lag auf dem gelben Sofa während des Gesprächs. Aber die Dinge, die er zwischen den mühsamen Atemstößen hervorbrachte, und der Friede — sogar der Humor — in seinen Augen erfüllten mich mit Freude. Er hatte sich mit seiner früheren Arbeitsstelle herumgeschlagen, um seine Krankenhausrechnungen in der Betriebskrankenkasse unterzubringen; ich selbst hatte eine Reihe von Formblättern dafür ausgefüllt. In jener Woche, als unser letztes Gespräch stattfand, hatte er die abschließende Benachrichtigung erhalten, daß seine Forderungen abgelehnt wurden mit der Begründung, daß er, ohne die erforderliche Frist einzuhalten, seine Arbeit gekündigt hatte.

,,Wissen Sie was?" erzählte er mir. ,,Sie haben recht. Ich kündigte, weil ich wütend war und ihnen Schwierigkeiten bereiten wollte. Nur, jetzt bin ich derjenige, der Probleme hat."

Er stieß ein Lachen aus, das durch Husten unterbrochen wurde, aber der Klang war für mich schön, denn es war ein wirkliches Lachen, ein herzliches Lachen, ohne eine Spur von Bitterkeit. ,,Es ist so, wie wir es gelesen haben, stimmt's Doktor? »Was du säst, wirst du ernten.« Wenn ich das noch rechtzeitig gelernt habe, dann ist der Verlust der Versicherung recht preiswert."

,,Wissen Sie, was ich jetzt tue, nachdem ich nachts nicht mehr so richtig schlafen kann?" fuhr er fort. ,,Ich bete für diese Kumpels bei der Arbeit — daß die Fabrik ein wirklich gutes Jahr hat, mehr Geschäft und Gewinn, daß sie nicht wissen, was sie damit tun sollen."

Natürlich kann niemand über eines anderen Erfahrungen hinter dem Grabe spekulieren, aber wenn derselbe Nachbar mich anrief, um mir zu erzählen, daß Fred Owen am 24. Mai gestorben sei, hatte ich wenigstens keine Schwierigkeiten, mir den Augenblick des erstaunlichen Übergangs vorzustellen. Das zunehmende Licht. Die Freude im Herzen eines Mannes, der seine Heimarbeit gut gemacht hat.

Gott ist sehr damit beschäftigt, Menschen heranzubilden, die wissen, wie sie zu leben haben. Ich glaube, daß das Schicksal der Erde selbst von dem Fortschritt abhängt, den wir machen — und daß wir nur noch wenig Zeit haben. Auch im Blick auf das, war wir in der anderen Welt vorfinden werden, glaube ich, daß das, was wir dort entdecken werden, davon abhängt, wie gut wir in der Nachfolge und im Dienst der Liebe Jesu vorankommen, hier und jetzt.